"珍藏中国"系列图书

贾文毓 孙轶◎主编

奔流不息
中国的江河

王莎莎 编著

希望出版社

图书在版编目（CIP）数据

中国的江河：奔流不息 / 贾文毓编著 . -- 太原：希望出版社，2014.10
（珍藏中国系列）（2019.9重印）
ISBN 978-7-5379-7100-3

Ⅰ . ①中… Ⅱ . ①贾… Ⅲ . ①河流－介绍－中国－青少年读物
Ⅳ . ① K928.42-49

中国版本图书馆 CIP 数据核字 (2014) 第 230530 号

图片代理：www.fotoe.com

中国的江河——奔流不息

著　　者	王莎莎
责任编辑	张　平
复　　审	武志娟
终　　审	刘志屏
图片编辑	封小莉
封面设计	高　煜
技术编辑	张俊玲
印制总监	刘一新
出版发行	山西出版传媒集团·希望出版社
地　　址	山西省太原市建设南路21号
经　　销	新华书店
制　　作	广州公元传播有限公司
印　　刷	保定市铭泰达印刷有限公司
规　　格	720mm×1000mm　1/16　15印张
字　　数	300千字
印　　数	11001—21000册
版　　次	2015年2月第1版
印　　次	2019年9月第4次印刷
书　　号	ISBN 978-7-5379-7100-3
定　　价	45.00元

目 录

一、江河概说

二、江河奇观

世界上最高的河——地上悬河 …………… 13

天下奇观——钱塘江大潮 …………… 16

雄壮的壶口瀑布 …………… 19

河流地貌奇观——万里长江第一湾 ·············· 22

亲密无间的三江并流 ························ 25

吉林雾凇 ································· 28

三、中国第一长河——长江

长江概况 ································· 32

长江源头 ································· 35

长江沿线的主要城市 ························ 37
  长江上游崛起的攀枝花市 ··················· 37
  万里长江第一城——宜宾 ··················· 42
  长江上游经济金融中心——重庆 ·············· 45
  三峡捧出宜昌市 ························· 48
  长江中下游特大城市——武汉 ················ 51
  烟花三月下扬州 ························· 54
  六朝古都——南京 ······················· 57
  国际化大都市——上海 ···················· 60

长江风光 ································· 64
  长江三峡 ······························ 64
  武汉长江大桥 ·························· 71
  丽江古城 ······························ 75
  大足石刻 ······························ 81

白鹤梁 ································· 83
丰都鬼城 ······························· 86
诗城——白帝城 ······················· 89
景德镇 ································· 91
岳阳楼 ································· 94
张飞庙 ································· 97

长江动物 ································· 100

寻家的孩子——中华鲟 ··············· 100
爬行类之王——扬子鳄 ··············· 103
长江女神——白鳍豚 ·················· 106
顽皮孩子——江豚 ···················· 109
长江湿地的幸运儿——麋鹿 ·········· 112
长江刀鱼 ······························· 115

长江文明 ································· 117

河姆渡文化 ···························· 117
良渚文化 ······························· 121
大溪文化 ······························· 123
三星堆文化 ···························· 125

四、中国的母亲河——黄河

黄河概况 ································· 130

黄河文明 ································· 133

人类的祖先——世纪曙猿 ············ 133

西侯度——点燃天下的一把火 …………………………………… 135

半坡遗址 ……………………………………………………………… 137

大汶口文化 …………………………………………………………… 140

龙山文化 ……………………………………………………………… 143

河东——华夏文明的摇篮 …………………………………………… 145

黄河文明的核心——河洛文化 ……………………………………… 148

黄河岸边的移民文化——走西口 …………………………………… 151

黄河风光 …………………………………………………………… 153

天下黄河第一桥 ……………………………………………………… 153

黄河九曲第一弯 ……………………………………………………… 157

天下黄河第一曲——河曲 …………………………………………… 159

天下黄河第一漂 ……………………………………………………… 161

黄河第一门——龙门 ………………………………………………… 163

黄河古渡口——蒲津渡 ……………………………………………… 165

塞上江南 ……………………………………………………………… 167

五、其他著名江河

外流河 ……………………………………………………………… 172

辽宁人民的母亲河——辽河 ………………………………………… 175

华北最大水系——海河 ……………………………………………… 177

南北分界线——淮河 ………………………………………………… 182

浙江第一大河——钱塘江 …………………………………………… 184

咆哮的大河——怒江 ………………………………………………… 188

地上天河——雅鲁藏布江 …………………………………………… 193

内流河 ································· 197
中国最大的内陆河流——塔里木河················· 197
中国水量最大的内陆河——伊犁河················· 203

国际河流 ································ 206
冰封为路的河流——黑龙江······················ 206
一江连六国——澜沧江·························· 210
中朝界河——鸭绿江···························· 214
唯一注入北冰洋的河流——额尔齐斯河············· 218

六、水利工程

中国古代最大的灌溉渠道——郑国渠 ············224

中国最古老的运河——灵渠 ·················227

世界最伟大的生态工程——都江堰 ············230

中国最长的运河——京杭大运河 ················234

世界最大的水利枢纽工程——长江三峡水利枢纽工程
······················236

中国目前最大的水电站——葛洲坝水电站 ··········239

一 江河概说

中国的江河

> **知识链接**
>
> 江，本是长江的专用称呼。后来，"江"成了江河的通称，如金沙江、珠江等。
>
> 河，原是黄河的专用称呼。后来，"河"成了河流的通称。唐代杜甫写的"国破山河在，城春草木深"中的"河"指的就是河流。
>
> 在我国，受黄河与长江的影响，北方的河流多称"河"，如洛河、渭河、漳河等；南方的河流多称"江"，如湘江、沅江、赣江等。由此可见长江与黄河在我国南方与北方的地位与影响。

中国是一个江河众多的国家，如果把中国的天然河流连接起来，总长度可达43万千米。这样的长度，可绕地球赤道10.5圈！

在众多的河流中，流域面积在100平方千米以上的河流有5万多条；流域面积在1000平方千米以上的河流有1580条；流域面积大于1万平方千米的河流也有79条之多。而且我国的主要河流多发源于青藏高原，落差很大，因此中国的水力资源非常丰富，蕴藏量达6.8亿千瓦，居世界第一位。

我国有许多源远流长的大江大河，受西高东低的地势影响，这些河流大部分自西向东流。最终流入海洋的河流，叫做外流河；未流入海洋的河流，叫做内流河。

▼浑江冲积平原

注入海洋的外流河,流域面积约占中国陆地总面积的64%。长江、黄河、黑龙江、珠江、辽河、海河、淮河等,向东奔腾千百千米之后,都流入了太平洋;而西藏的雅鲁藏布江则走得更远,它向东流出国境,再向南注入印度洋;新疆的额尔齐斯河则独自向北流出国境,注入寒冷的北冰洋。

流入内陆湖泊或消失于沙漠、盐滩之中的内流河,流域面积约占中国陆地总面积的36%。新疆南部的塔里木河是中国最长的内流河,有2 179千米。

在中国的河流中,长江与黄河是永远不能被忽略的摇篮之河。

长江是中国第一长河,也是中国东西水上运输的大动脉,有"黄金水道"之称。长江中下游地区气候温暖湿润,土地肥沃,数千年来哺育了无数中华儿女。

黄河是中国第二长河,它是一条含沙量极大的河流。黄河流域幅员辽阔,地形复杂,各地气候差异较大,从南到北,有湿润、半湿润、半干旱和干旱气候,是中国古代文明的发祥地之一,所以被亲切地叫做母亲河。

河流是大地的血脉,正是在汩汩滔滔的水源的滋养下,我们的祖先才能在这片土地上安养生息,创造出光辉灿烂的中华文明。河流与我们的关系极为密切,它提供了淡水资源,塑造了富饶的冲积平原,滋润了土地,哺育了人民,成为中华文明发展的摇篮。

珍藏中国 中国的江河

二

江河奇观

世界上最高的河——地上悬河

黄河，被亲切地称之为母亲河，她是中华民族的摇篮，是一位无怨无悔的哺育者。从高空俯瞰黄河，会看见一条金色的巨龙横卧在祖国北部辽阔的大地上。黄河受到世人关注的另一个原因在于它是一条罕见的"地上悬河"，对于黄河下游河道的人们而言，它就是一条高高在上的"天上河"。

什么叫"地上悬河"呢？

"地上悬河"就是指河床高出两岸地面的河流，这种情况看似奇异，其实形成的原理并不复杂。

黄河在流过河南的郑州之后，河床逐渐高出堤外的地面，这是因为她本身夹沙量很大，每年携带泥沙约有16亿吨。

16亿吨泥沙是什么概念呢？这样的泥沙量，如果把它们堆成一米见方的土堆，可以绕赤道整整27圈，这是多么漫长的距离。再比较一下，你会发现我们的母亲河不仅是世界上含沙量最大的河流，而且它的含沙量远远超出其他河流。具体来说，也就是世界上其他含沙量较多的大河，平均每立方米含沙量最多也不超过3公斤，而黄河则高达37公斤，是它们的10多倍，根本不在一个数量级上。

黄河夹带的16亿吨泥沙中的1/4都堆积在一段坡降不大、水流平缓的河床之中，你想想这会造成什么结果呢？当然就是4万亿泥沙沉到河底，每年每年不断沉积，河床也就不断往上爬升。

那能升到多高呢？

目前，黄河下游段平均高出地面4~6米，最高点达到10多米，大家可以想象一下这比三层楼还要高啊，绝对是世界上最高的。

在整条"地上悬河"中，黄河开封段的悬河是中国，也是世界上最高的悬河。在开封，可以见到黄河被两岸大堤夹护着从开封城北高处汹涌流过，真如遥不可及的天河一般。"这就是悬河啊！"

黄河流经开封的这一段大约长87千米，是著名的"豆腐腰"，这是个很形象的名字，你可以想象这一段黄河经常决堤泛滥，大堤就像豆腐一样松软，经不起风浪。正是由于此段黄河进入平原，落差很小，水流缓和，泥沙不断沉积，才致使开封段的黄河河床以每年 10 厘米的速度增高，简直就像小朋友长身高一样。日积月累，现在河床已高出开封市地平面七八米。又由于黄河大堤也在逐年加高增厚，加之河床泥沙的不断淤积与抬高，致使河床主槽高于左右滩地，最终形成了"二级悬河"。如果你站在大堤上，会看到"悬河中的悬河"这一中国特有的景观。

▲悬河奇观

以前"地上悬河"只是黄河下游特有的景象，跟上游没什么关系，但现在情况更加不容乐观。根据沿线水文站监测，黄河内蒙古河段在过去十年中"蹿"高了 2 米多，已成为继下游河南、山东段后又一"地上悬河"。家住巴彦淖尔市临河区的人们忧心忡忡："现在的黄河河床已'悬'在我家的房顶上了，说'黄河之水房上流'一点儿也不过分。"

黄河内蒙古段已到了非治理不可的地步，想象一下如果你住的屋子顶上有条大河，保不准什么时候就泛滥了，你能住得安心吗？

本来问题就已经很严重，下游的"地上悬河"以每年平均 10 厘米的高度递增，快得吓人。现上游河段也出现悬河，这必然会对下游河段产生连锁影响。如果不及时治理，中上游的"悬河"势必会使中下游断流更为频繁，全线河床越抬越高，最终形成一座绵延千里、不断"生长"的"水上长城"。到那时黄河之险必将成为"灭顶"之灾！

大家一定都很想知道，"悬河"之灾是不是已经无药可救了？

科学家们也一直在想这个问题。多年来，中国一直在努力探索通过人工手段改变天然水沙不平衡的关系，以达到减淤的目的。具体做法就是加强对位于关键地理位置的水库的运用，塑造一种理想的水沙配比，这种水流下泄后，不仅不会淤积在黄河下游河道，甚至还能对下游河道造成冲刷，从而达到"河床不抬高"的目的。既然黄河肚子里的泥沙太多，影响了它的顺畅流淌，我们就给它清一清，减减肥，排排脂。我们把这样的过程称之为调水调沙。

▲黄河小浪底水库大坝

调水调沙的效果怎么样呢？

2002年7月4日，黄河水利委员会利用小浪底水利枢纽工程成功地对黄河进行了人类有史以来第一次调水调沙试验，这也是迄今为止世界水利水电史上最大的一次人工试验。中国正在探索通过调水调沙的"人造洪峰"来冲刷"地上悬河"，从而解决世界闻名的"悬河"的泥沙淤积问题，以减少黄河河床不断上涨给人们带来的威胁。从2002年起，我国连续五年在黄河进行大规模调水调沙，在汛期利用黄河中游水库蓄水，用"人造洪峰"冲刷黄河，把3.8亿多吨淤积在河道中的泥沙冲入大海，使黄河下游主河槽平均下切1米。

知识链接

黄河小浪底工程位于黄河中下游交接处最后一道峡谷口，它不仅是中国治黄史上的丰碑，也是世界水利工程中的杰作，总投资约400亿人民币，创下三项世界之最，六项中国之最。建成后将形成272平方千米的浩瀚水域，港湾交错，山水交融，构成一幅山清水秀北国江南的壮丽画面。

自从首届黄河小浪底观瀑节在小浪底大坝景区开幕，来自全国各地的数万名游客亲眼目睹了黄河小浪底水库开闸时巨瀑飞泻、惊涛拍岸的壮观场面。黄河小浪底观瀑节每年举办一次，它将充分利用黄河小浪底水库"调水调沙"这一得天独厚的旅游资源。黄河小浪底风景区以"丰富的旅游资源和巨大的发展潜力"获得了"中国最具吸引力的地方"的荣誉称号。

珍藏中国 中国的江河

天下奇观——钱塘江大潮

"八月十八潮,壮观天下无。"

这是北宋大诗人苏东坡咏赞钱塘秋潮的千古名句。千百年来,钱塘江以其奇特卓绝的江潮,不知倾倒了多少游人看客。汹涌壮观的钱塘潮,历来被誉为"天下奇观"。

钱塘江观潮,历史上起于汉魏,盛于唐宋,到现在仍非常盛行。南宋时还规定每年农历八月十八日要在钱塘江上检阅水师,这一习惯被后来数代的人所延续。如今,虽已经不检阅水师,却仍然把这一天作为传统的观潮佳节。

▲钱塘江秋潮

如果我们想看钱塘秋潮,应该去哪里看呢?

那当然是去最佳位置——海宁县盐官镇东南的一段海塘。这里不仅潮势最盛,而且以"整齐如一线"最有名,有"海宁宝塔一线潮"之誉。

涌潮到来之前,你站在堤岸上远眺,只见钱塘江平静浩瀚,江流茫茫,秋水共长天一色。嘿,快看,潮头说来就来了,天边突然闪现一条横贯江面的白练,伴随着隆隆的声响,酷似闷雷滚动。当潮头由远而近,飞驰而来,宛若一群洁白的天鹅排成一线向你飞来,万头攒动,振翅飞来。

好戏还在后面呢!潮头推拥着向前狂奔,唯恐落后一般,就在转眼之间,白练似的潮峰已经奔到面前,耸起一面三四米高的水墙直立在江面上。

二 江河奇观

瞧,这阵势!惊涛骇浪,喷珠溅玉,势如万马奔腾。等到潮涌至海塘,更掀起高 9 米的潮峰,可谓"滔天浊浪排空来,翻江倒海山为摧"。

这一簇簇声势浩大的放射形水花,

▲钱塘江回头潮

不仅看起来壮观,还蕴含着无穷的力量。据说有一年,曾把一只 1 吨多重的"镇海雄师"冲出 100 多米远,可见冲击力之大。

当你还没来得及从这震撼中回过神,潮水又坦然飞逝而去,就像来的时候那样匆匆,让还站在那里的你感到些许惆怅和不舍。有人这样写道:"潮来溅雪俗浮天,潮去奔雷又寂然",十分形象地描绘了潮来潮往的壮观景象。

为什么钱塘秋潮如此壮观呢?

人们通常称钱塘江这种壮观的潮为"怒潮",这是有原因的。民间有这样一个传说:春秋战国时期,在今江苏、安徽一带有一个吴国,吴王夫差打败了今浙江一带的越国。越王勾践表面上向吴王称臣,暗中却卧薪尝胆,准备复国。此事被吴国大臣伍子胥察觉,多次劝说吴王杀掉勾践。但由于有奸臣在吴王面前屡进谗言,诋毁伍子胥。加之吴王忠奸不分,最终糊里糊涂赐剑让伍子胥自刎,还将其尸首煮烂,装入皮囊,抛入钱塘江。果然,在伍子胥死后九年,越王勾践在大夫文种的策划下,灭掉了吴国。但可惜的是,越王竟然也听信谗言,迫使文种伏剑自刎。

伍子胥与文种这两个敌国功臣,虽然分居钱塘江两岸,各保其主,但下场竟出奇地相似。满腹韬略,一腔忠诚,只为护主,却落得个被主公刺死的下场,真可谓同恨相连。人们说,正是他们的满腔郁恨,化作滔天巨浪,掀起了钱塘怒潮。

当然,传说不过是传说而已。那钱塘秋潮产生的真正原因是什么呢?

是由于它独特的地理条件。为什么会发生这样壮观的涌潮呢？首先，这与钱塘江入海的杭州湾的形状，以及它特殊的地形有关。杭州湾呈喇叭状，大家都知道喇叭是典型的口大肚小。钱塘江河道自澉浦以西，就是从"大口"到了"小肚"，河道急剧变窄、抬高，致使河床的容量突然缩小，大量潮水拥挤进入狭浅的河道。这种情况下，潮头受到阻碍，后面的潮水又急速推进，迫使潮头陡立，产生破碎，发出轰鸣，最终出现惊险而壮观的场面。

河流入海口有很多是喇叭形，但能形成涌潮的河口却只是少数，钱塘潮能荣幸地列入这少数之中，又是为什么呢？

科学家经过研究认为，涌潮的产生还与河流里水流的速度跟潮波的速度比值有关。如果两者的速度相同或相近，势均力敌，就有利于涌潮的产生；如果两者的速度相差很远，虽有喇叭形河口，也不能形成涌潮。

此外，涌潮还与月亮、太阳的引力有关。这一点古人早就发现了。东汉思想家王充曾说过，波浪的起伏会随着月亮的圆缺满损时大时小。现代科学研究发现，在农历每月初一和十五前后，太阳、月亮和地球排列在一条线上，太阳和月亮的引力合在一起吸引着地球表面的海水，所以每月初一和十五的潮汐就特别大。而农历八月十八前后，是一年中地球离太阳最近、引力最大的时候，此时出现的涌潮，自然也就最猛烈。

其实，钱塘秋潮一直处于变化之中。随着潮势最盛位置的变化，人们的观潮点也随之变动。如果你是宋代的人，就该去杭州以上折成直角的河段观潮；如果你生在明朝，海宁盐官镇就是你最理想的观潮之选；这两年江海变化，可能以后你就要往东到八堡去看了。

知识链接

你知道在地球上有一个神奇的北纬30°吗？在这一纬度线上，奇观绝景比比皆是，自然迷团频频发生，如中国的钱塘江大潮、安徽的黄山、江西的庐山、四川的峨眉山、巴比伦的"空中花园"、约旦的"死海"、古埃及的金字塔及狮身人面像、北非撒哈拉大沙漠的"火神火种"壁画、加勒比海的百慕大群岛和远古玛雅文明遗址……可以说，在北纬30°线附近或在这一纬度线上，自然奇观数不胜数。

雄壮的壶口瀑布

壶口瀑布是黄河中游流经秦晋大峡谷时形成的一个天然瀑布,其奔腾汹涌的气势是中华民族精神的象征。唐代著名诗人李白脍炙人口的佳句"黄河之水天上来,奔流到海不复回",勾画出了大河奔流的壮观景象。千百年来,这里的游人络绎不绝,流连忘返。

壶口瀑布,位于吉县城西45千米、距临汾市165千米处的晋陕峡谷黄河河床中,是世界上最大的黄色瀑布,因其气势雄浑而享誉中外。

为什么这个瀑布叫"壶口"呢?

原来此地两岸夹山,河底石岩冲刷成一个巨沟,宽约30米,深约50米。滚滚黄水奔流至此,倒悬倾注,犹如千军万马奔腾而来,波浪翻滚,惊涛怒吼,巨大的轰鸣声数里之外都可以听到。如果你高高地站在上方看这一景象,很像是满满的一大壶开水在沸腾,所以叫壶口瀑布。

▲壶口瀑布

别以为壶口瀑布只有雄壮之姿,它也有婉约瑰丽的一面。奔流而下的黄河浪涛激起一团团雾烟云,这些烟云在奔腾的瀑布边袅袅上升,别有一番优雅风情。随着水雾的升高,烟云的颜色还会发生变化,由黄变灰,由灰变蓝,让你不得不惊叹大自然真是个神奇的魔术师。

壶口瀑布不仅有"水底生烟""彩桥通天"的奇景,更有"旱地行船"之说。因为瀑布落差太大,上游船只行至此,不得不离水登陆,经人抬或车运绕过壶口的才能再次进入河里航行。

大家知道,由于四季气候和水量的差异,水流的样貌是不同的。壶口瀑布的景色也时有变化,向世人展露出不同的容颜。熟悉壶口瀑布的人都知道它有两个最佳观赏期，一个是春季 4~5 月份，看农历三月春回大地之时，暖暖旭日下，岸边冰崖消融，漫山遍野的山桃花开成片片红云，当地人称为"三月桃花汛"。如果你错过了壶口瀑布的春天，那么千万别再错过它的秋天了；9~11 月份，雨季刚过，山泉流淌，小溪涨水，叮咚声响弥漫山间。如果你的运气好，还可能在阵阵秋风中"邂逅"因水雾而生的美丽彩虹，这个奇景被当地人被称为"壶口秋风"。

看壶口瀑布当然不能只看周围景色，这两个时期的瀑布水大而稳，宽度可达千米左右，绝对令你不虚此行。此时的主瀑犹如白色巨兽难以接近，远远望去，只见烟波浩淼，威武雄壮。大浪卷着水泡，奔腾咆哮，以翻江倒海之势飞流而下，真是"水底有龙掀巨浪，岸旁无雨挂彩虹"。此情此景，实非笔墨所能形容，大家有机会一定要亲自去瞧一瞧。

大自然的魔术师似乎对壶口瀑布特别厚爱，除了春天和秋天的美丽，

▲壶口冰挂和彩虹

还为它准备了另一番神奇景象。如果你冬天去看壶口瀑布，会发现平日里如同千马奔腾的壶口瀑布在"冷静"中呈现出别样风情。

那是怎样一番景象呢？

每到数九寒冬，壶口瀑布便换上了一派银装玉砌的装束。黄河水从两

岸形状各异的冰凌、层层叠叠的冰块中飞流直下,激起的水雾在阳光下映射出美丽的彩虹。在瀑布的下方,不知何时已经搭起了美丽的冰桥,似乎在邀请你进入这个晶莹剔透的冰雪世界。那瑰丽的冰瀑面,还有石壁上粗细不一的冰滴溜,配上河中翻滚的碧浪,坚硬的寒冰与柔软的流水相互交融,展现出北国特有的自然风光。

不过,这个美丽的景观有时候也会像调皮的孩子一样给大家带来"凌汛"的麻烦。什么叫凌汛呢?

这是黄河常见的一种自然现象,就是由冰凌堵塞而引起的暂时涨水。或许大家会问:"只是冰凌堵塞,能引起多大麻烦呢?"2009年1月18日凌晨,黄河壶口景区遭受特大凌汛灾害。当时壶口瀑布上下游3000米范围内全部被冰凌覆盖,形成了一座长约3000米、宽约1000米、高约10米的"冰坝",简直就像从天而降一般,给壶口景区及周围居民造成了严重的损失。发生如此大规模的冰凌现象,是由于前期气温持续偏低,大量流凌堆积在壶口瀑布下游处,慢慢地就形成了冰坝,冰面不断被抬高。等到气温开始出现回升,就出现了新闻中所说的特大凌汛灾害。

知识链接

抗日战争时期,革命诗人光未然、音乐家冼星海就是在黄河壮丽情景的激励下,谱写出鼓舞人民斗志的《黄河大合唱》。1987年9月,黄河漂流队探险队员王来安乘坐由40个汽车轮胎缠结成的密封舱,顺瀑布而下,揭开了人类在壶口瀑布体育探险的序幕,人称"黄河第一漂"。其后,天津勇士张志强在黄河大桥跳悬索,人称"中华第一跳"。1996年8月,河南勇士冯九山通过走钢缆来横跨壶口,创下高空走钢缆最长的世界吉尼斯纪录,被誉为"华夏第一走"。1997年6月1日为迎接香港回归,"亚洲第一飞人"柯受良驾车飞越壶口,创下世界跨度最大的飞车世界纪录,被称为"世界第一飞",中保财产保险有限公司的冠名巨幅广告被载入世界吉尼斯纪录大全,同时也创造了另一项新的世界之最。1999年6月20日,山西吉县青年农民朱朝辉骑摩托车飞越壶口,又创下了新的奇迹。这些奇迹的创造和壶口瀑布的惊世气魄相得益彰,使名景和名人的知名度急骤升高,吸引着越来越多的国内外专家、学者及游客到此观光、考察。

河流地貌奇观——万里长江第一湾

长江上游段的金沙江像是一个喜欢体验极限的赛车手，从青藏高原唐古拉雪山由北向南一路快速奔流而下，却还觉得不够过瘾，到了云南丽江县的石鼓镇，猛然间来个急刹车，紧紧绕住山峰，调头120°，作罕见的"U"字形大转弯，折向东北。正是这个大转弯，形成了举世瞩目的河流地貌奇观——长江第一湾。

"长江第一湾"的称呼是怎么来的呢？

据说来自于一个叫范义田的石鼓名人。1946年春节的时候，他写了一副对联贴在自家的大门上："山连云岭几千叠，家在长江第一湾"，路过的人看到都觉得写得非常贴切，慢慢地就把这名字传开了。到现在已经过了五六十年，范义田的名字没人知道，但"长江第一湾"却已享誉中外。

长江第一湾不仅是丽江的重要风景名胜区，还是进入老君山景区和三江并流景区的咽喉重地。历史上诸葛亮五月渡泸、忽必烈革束渡江，都是选择这个地方作为渡口。

大家从丽江坐车，往西开大约70千米之后，转头望窗外，就能看见长江第一湾的神韵了。你会看见金沙江犹如一条轻轻拂动的绸带，从青色的群山间飘然而下。两岸墨绿色的护堤林和碧绿的稻田为它镶上两条深淡相间的花边，更增添了它的魅力。依山而建的小镇错落有致，蜿蜒而上的石阶在小镇中穿梭。如果有机会，一定要去那镇上的小街走走，窄窄的青石板地面两边，是当地人各种各样的店铺，走在里面会觉得自己跟小镇一样安静、祥和。

金沙江在表演完"长江第一湾"这个绝活后，还给大家留了一个惊喜，那便是"虎跳峡"。

"长江第一湾"突然急转弯后，向北流淌约40千米，闯进了玉龙雪山和哈巴雪山之间。在这里，它穿山削岩，劈出了一个世界上最深、最窄、最险的大峡谷——虎跳峡。位于云南省丽江市纳西族自治县的虎跳峡，以奇险、雄壮著称，在世界很有名。从上峡口看，江面平缓，就像柔静少女，

二 江河奇观

▲长江第一湾

但一入峡口便激浪滔天,变成了暴戾的怒汉。

　　虎跳峡是什么意思呢?这还得从当地语言中探寻。

　　"虎跳峡"在纳西话中叫"阿仓老丛老洛弓",意思是阿仓猎人追着老虎跳过的峡谷。为什么取这样一个名字呢?这里面可是有一个惊心动魄的故事。

　　传说那时候丽江的统治者——木老爷富甲一方,他身边有不少能人才子,其中有一个人会算命。木老爷心血来潮,就让他给自己算命,结果那人一算说木老爷活着的时候大富大贵,但是死后却没有棺材可以用。木老爷大吃一惊,这怎么行呢!于是,他决定以后凡是他经过的地方,每隔十里地就放置一口棺材。一天,天气晴朗,木老爷就骑着自己的坐骑——一头老虎,沿着金沙江边散步,欣赏江岸如画的风景。没想到,当他们来到一个狭窄地段时,老虎突然向江中的一块大石头跳去。结果老虎跳到对岸去了,但老虎背上的木老爷却掉进滚滚江水里。

　　传说已离我们很远,当时的老虎也不知道去了哪里,但是虎跳峡的名字却一直被留了下来。虎跳峡一向以"险"而闻名天下,但这个"险"中却蕴藏着夺人心魄的壮美,正是这种"险",吸引着国内外无数游客到此寻

23

珍藏中国 **中国的江河**

▲虎跳峡

幽探险。

汹涌澎湃的江水越过虎跳峡后，一路向东，横穿祖国大地，奔腾6300千米，最终汇入太平洋，成为中国的母亲河，由此繁衍出了我们可以自豪的长江文化，沿途灌溉了一系列文明重镇。在此，你可以尽情领略山河之壮美，追寻历史的足迹，体验中华民族文化的灿烂多姿。

● **知识链接** ✓

石鼓镇为著名的长江第一湾所在地，是茶马古道的要津和南下大理、北进藏区的交通枢纽，是金沙江上游的一个历史文化重镇。1936年4月25日，由贺龙、任弼时等率领的红二、六军团，在丽江石鼓镇抢渡金沙江。在当地群众的帮助下，红军依靠七只木船、几十只木筏，仅用四天三夜就渡过了石鼓沿岸的五个渡口。石鼓由此成为红二、六军团走向胜利的又一个转折点。"青峰壁立水云间，南下金江直北还。神兵天降曾飞渡，万里长江第一湾。"在红军渡江纪念雕塑前，人们仰望着雕像，品味镌刻在纪念碑基座上的这首七律诗，追思红军长征的漫漫足迹。70多年前，红军飞渡石鼓的脚步声永远留在了岸边，留在了人们的心中。

亲密无间的三江并流

三江并流是怎么被发现的呢？

20世纪80年代，一位联合国教科文组织的官员正在看一张卫星遥感地图，突然他惊讶地叫出声来，原来在地球上东经98°~100°30′、北纬25°30′~29°之间的地区，一直并行着三条奔腾不息的大江！官员再仔细一看，咦？那里不正是中国青藏高原南部和滇西北横断山脉么。

三江并流到底是哪三条江呢？

其实大家对这三条江都不陌生，它们分别是金沙江、澜沧江和怒江。这三兄弟的家都在青藏高原，好像大家约好了似的在云南省境内自北向南并行奔流了170多千米，一起穿越担当力卡山、高黎贡山、怒山和云岭等崇山峻岭。这三兄弟亲密无间，却又从不见面，这才形成世界上罕见的"江水并流而不交汇"的奇特自然地理景观。

金沙江大家最熟悉，它由北东去，汇集雅砻江、大渡河、嘉陵江，于是中国便有了长江；澜沧江走出了国界，它由北南下，缓缓而流，跑到邻国变成了越南湄公河的上游；怒江更是闯劲十足，它由北南下，奔腾急湍，闯进缅甸便成了萨尔温江的上游。

三江并流到底挨得有多近呢？大家可以在地图上量一量，澜沧江与金沙江最短直线距离才66千米，澜沧江与怒江的最短直线距离不到19千米。一同发源于青藏高原的三条江河，金沙江最终流入太平洋，澜沧江、怒江最终流入印度洋，虽然它们各自的归宿不同，却在云南的高山峻岭中一同携手并肩奔流。

"三江并流"的自然景观由上面三条大江以及大江流域内的山脉组成，涵盖范围达170万公顷，包括位于云南省丽江市、迪庆藏族自治州、怒江傈僳族自治州的九个自然保护区和十个风景名胜区。

这一奇观的形成要追溯到很久很久以前，具体说是4000万年前。那时候印度次大陆板块与欧亚大陆板块大碰撞，这种撞击产生的力量就像盘古开天辟地一样，引发了横断山脉的急剧挤压、隆升、切割，结果高山与大江交替展布，最终形成世界上独有的三江并行奔流170千米的自然奇观。

中国的江河

"三江并流"自然景观的独特之处不仅仅是上面介绍的内容,它还拥有得天独厚的地理位置。大家在地图上观察一下就会发现,它处在东亚、南亚和青藏高原三大地理区域的交汇处,像一位集众人之长于一身的高手,是世界上罕见的高山地貌及其演化的代表地区。

"三江并流"景区内的地形非常丰富,从760米的怒江干热河谷,到6740米的卡瓦格博峰,你能想象到的地形基本都能在那里见到,就像一间天然的地理学教室:随着海拔的变化,一一向你展示高山峡谷、雪峰冰川、高原湿地、森林草甸、淡水湖泊……

景区有118座海拔5 000米以上的雪山,在造型迥异的雪山群中,有一座是从未有人涉足的神山,藏族人民把它叫做梅里雪山,千百年来悉心守护,恪守着登山者不得擅入的禁忌。尽管不能攀登,还是会有很多登山爱好者和旅行者千里迢迢赶来,只为看一眼云雾中若隐若现的雪山容颜,远远地眺望一下海拔达6740米的梅里雪山主峰——卡瓦格博峰。卡瓦格博峰上覆盖的万年冰川一直延伸到海拔2700米的明永村森林地带,这是目前世界上最为壮观且稀有的低纬度、低海拔季风海洋性现代冰川。

"三江并流"地区还被誉为"世界生物基因库"。这是因为"三江并流"地区在第四纪冰期时非常幸运地没有被大陆冰川所覆盖,加上区域内的山脉为南北走向,这里便成为欧亚大陆生物物种南来北往的主要通道和避难所,就像那个寒冷世纪中的温暖伊甸园,难怪现在这里是欧亚大陆生物群落最富集的地区。

▲三江并流最狭窄地段

大家别看这一地区只占了我国不到0.4%的国土面积,但它却拥有全国20%以上的高等植物和全国25%的动物种数。这里栖息着珍稀的濒危动物滇金丝猴、羚羊、雪豹、孟加拉虎、黑颈鹤等77种国家级保护动物，还有秃杉、桫椤、红豆杉等34种国家级保护植物。每年春暖花开时，这里绿毯般的草甸上、幽静的林中、湛蓝的湖边，到处是花的海洋，你可以观赏到20多种杜鹃，近百种龙胆、报春，还有绿绒蒿、百合等野生花卉。植物学界将"三江并流"地区称为"天然高山花园"。

▲香格里拉

同时，该地区还是16个民族的聚居地，是世界上罕见的多民族、多语言、多种宗教信仰和风俗习惯并存的地区。长期以来，"三江并流"区域一直是科学家、探险家和旅游者的向往之地，他们被这块区域显著的科学价值、美学意义和少数民族的独特文化深深地吸引，并给予了高度评价。

知识链接

"太阳最早照耀的地方，是东方的建塘，人间最美丽的地方，是奶子河畔的香格里拉。"自从美国小说家詹姆斯·希尔顿的小说《失去的地平线》问世以来，作品中所描绘的香格里拉就引起无数人的向往。

但香格里拉究竟在哪里？詹姆斯·希尔顿在给读者创造一个理想天地的同时，也给人们留下了一个难解的谜。谁也不知道这个地方在地球的什么地方，只知道当地的藏民叫它"香格里拉"。后来，好莱坞将《失去的地平线》搬上银幕，香格里拉立刻风靡世界，而且电影主题歌《这美丽的香格里拉》很快唱遍了全球。后来，"香格里拉"一词被香港企业——郭氏家族买断，成为酒店的商号，并成为世界酒店品牌的至高象征之一。可是香格里拉究竟在哪里呢？

20世纪末，中国云南省三江并流地区揭开了这个世界之谜。1996年，云南省人民政府组织调研组，对"香格里拉"进行了为期一年的研究。最后，他们从七个方面进行论证，得出"香格里拉就在云南迪庆"的结论，并于1997年9月14日在迪庆召开新闻发布会向世界宣布这一结论，这一新闻引起了国内外对迪庆——香格里拉的极大关注。

珍藏中国 中国的江河

吉林雾凇

在千里冰封、万里雪飘的隆冬季节，穿上厚棉袄，带着大绒帽，到十里长堤的松花江畔去观赏吉林奇景——雾凇，是一件很有趣味的事，那美丽的冰花会让你兴奋得忘记了寒冷。只见夏日绿幽幽的树木如今都赶时髦似的换了银装，洁白晶莹的霜花挂满枝头，瞧那一棵棵杨柳就像玉枝垂挂，一簇簇松针恰似银菊盛开……

吉林雾凇的美，美在壮观，美在奇绝。而观赏雾凇，讲究的是在"夜看雾，晨看挂，待到近午赏落花"。大家一定很想知道在不同的时间看雾凇有什么区别吧？

"夜看雾"，是在雾凇形成的前夜观看江上出现的雾景。大约在夜里十点多钟，松花江上开始有缕缕雾气，慢慢地越来越大，越来越浓。黑夜之中，大团大团的白雾从江面滚滚而起，不停地向两岸漂流。

"晨看挂"，是早起看树挂。十里江堤黑森森的树木，一夜之间变成一片银白，原本平凡的枝条和松叶变成了玉树琼花，就像在水晶宫中一般。

"待到近午赏落花"，是说树挂脱落时的情景，那美丽不输给任何一种花朵。一般在上午10时左右，树挂开始脱落，一开始是一片一片，接着便成串成串地往下滑落。大家如果站在树下微微仰起头，会看见微风吹起脱落的银片在空中飞舞，明亮的阳光辉映到上面，空中形成了五颜六色的雪帘。

雾凇俗称树挂，是大自然中较为常见的现象，在中国和世界的许多地方都能看到它的身影，为什么偏偏吉林市的雾凇一枝独秀呢？

这还得从丰满大坝说起。1942年，吉林市丰满大坝建成后，滔滔的松花江水被拦腰截断，形成了中国最大的人工湖之一——松花湖。自从修建了人工湖，每逢冬季都结冰的松花江，居然有一段长达几十里的地段成为常年不冻江。

这是怎么回事呢？

因为丰满水电站的出水口位于松花湖底部，水深达60米左右。在寒

二、江河奇观

▲吉林雾凇

冷的冬天,尽管湖面上面冰层很厚,冰雪覆盖,但湖底部水温相对稳定在 4℃ 左右。水流从庞大的涡轮机穿过,载着巨大的热能缓缓流过市区,从远处看,松花江水像沸腾的开水热气蒸腾。要知道吉林市属于温带大陆季风气候,冬季长而寒冷,尤其夜间降温强烈,大家也就不难想象飘浮的水汽碰到树枝上,瞬间就结成零下 20℃ 的松软霜花,水汽愈凝愈多就形成了厚厚的树挂奇观。

这种得天独厚的条件,使吉林雾凇既保持了疏松的结构,又聚集得非常厚,看起来特别轻柔丰盈、婀娜多姿。在全中国,甚至世界上,哪里能再找到这样的条件呢?一般低温地区不可能有不冻的江水,而江水不冻的地区又决不可能有如此低温的大气环境。

不过大家千万不要以为吉林雾凇只是中看不中用的"花瓶",在美丽的外表以外,吉林雾凇可是有很多实际的用处的。

现代都市空气质量的下降让人担忧，而吉林雾凇恰恰是空气的"天然清洁器"。大家在观赏吉林雾凇时，会感到空气格外清新舒爽、滋润肺腑，这是因为雾凇有净化空气的内在功能。空气中存在着肉眼看不见的大量微粒，体积很小，重量极轻，直径大部分在2.5微米以下，也就是说只有你头发丝的四十分之一，这些微粒悬浮在空气中，危害人的健康，尤其是患有呼吸道疾病的老人和儿童。雾凇初始阶段的凇附，吸附微粒沉降到大地，净化空气。

噪音也是现代都市生活给人们带来的一个有害副产品，吉林雾凇是环境的"天然消音器"，它是怎么做到的呢？一般人为控制和减少噪音危害，需要一定条件，并且有一定局限性。而吉林雾凇由于具有浓厚、结构疏松、密度小、空隙度高的特点，天生对音波反射率很低，能吸收和容纳大量音波。大家走在形成雾凇的树林里会感到格外幽静，就是这个道理。

吉林雾凇还是天气预报的好"参谋"。像"一日有挂，三日晴天"，"九里树挂连，伏里雨绵绵"，"树挂早，年成好"等等谚语说的都是树挂与天气的联系。

吉林雾凇不仅在外观上有洁白高雅的仪态，作为自然的"清洁器"，它也拥有纯洁无瑕的内心。它是吉林的无价之宝，是神州大地的奇葩，其迷人的魅力必将吸引更多的国内外游客前来观赏。

知识链接

雾凇是学名，现代人对这一自然景观有许多更为形象的叫法。因为它美丽皎洁，晶莹闪烁，像盎然怒放的花儿，被称为"冰花"；因为它在凛冽寒流袭卷大地、万物失去生机之时，像高山上的雪莲，凌霜傲雪，在严寒中盛开，韵味浓郁，被称为"傲霜花"；因为它是大自然赋予人类的精美艺术品，好似"琼楼玉宇"，寓意深邃，为人类带来美意延年的美好情愫，被称为"琼花"；因为它像气势磅礴的落雪挂满枝头，把神州点缀得繁花似锦，景观壮丽迷人，成为北国风光之最，它使人心旷神怡，激起各界文人骚客的雅兴，吟诗绘画，抒发情怀，被称为"雪柳"。

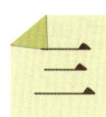

三 中国第一长河——长江

珍藏中国 中国的江河

长江概况

"你从雪山走来，春潮是你的风采；你向东海奔去，惊涛是你的气概……"一首《长江之歌》把我们的思绪带进了波涛滚滚的长江。

我们可以很自豪地说，长江是亚洲最长的河流。那它到底有多长呢？发源于青藏高原唐古拉山主峰各拉丹冬的长江，全长6397千米，总面积1808500平方千米，相当于中国土地总面积的1/5。

在世界上，长江排第几呢？按长度，长江是世界第三，排在非洲的尼罗河与南美洲的亚马孙河之后；按水量，长江也是世界第三。

在"长江"这一总名称下，有些江段又有它自己的名称，这是长江与众不同的一点。我们可以摊开一张地图，一段一段往下数：从长江源头到长江南源当曲河口，通称为长江正源沱沱河，长度为358千米；再往下到青海省玉树县巴塘河口，通称为通天河，长度为813千米；从巴塘河口到四川省宜宾市岷江河口，通称为金沙江，长度为2308千米；从宜宾市到湖北省宜昌市南津关，称为川江，长度为1033千米。

▼长江

继续看地图会发现，长江告别山区、丘陵区后，终于进入了平缓的平原地带，从这里开始的第一段叫做荆江，从湖北省枝城市到湖南省岳阳市的城陵矶，一共337千米，因为流经古代荆州地区而得名。荆江的下半段素有"九曲回肠"之称，"万里长江，险在荆江"，指的正是这一段。

接着，长江流到了江西省九江市附近，在这里大家叫它浔阳江，因为九江市古代就叫浔阳。而到了江苏省

三　中国第一长河——长江

镇江、扬州一带，长江就叫做扬子江，这名字古代就有了，因扬州市南面有一通往镇江市的扬子津渡口而得名。外国人曾一度把长江叫做"Yangtze River"，大家知道是为什么吗？

清朝末年，长江门户在帝国主义的炮舰政策下被迫开放，外国船只由吴淞口向上游航行，最先经过的是扬子江，外国人就把它作为长江的代称，音译为"Yangtze River"。但扬子江这个名字，它代表不了长江，加之它有半殖民地色彩，因此现在早已不把它作为长江的代称，而以"Changjiang River"代替"Yangtze River"作为长江的英文名称。

河流的上、中、下游就像人的不同年龄段一样，往往有自己那个阶段的特点，长江也不例外。它的上游在四川省宜宾市和湖北省宜昌市之间，最明显的特点就是水急、滩多；宜昌至江西省湖口间是中游，曲流发达，多湖泊，鄱阳湖、洞庭湖都属于这一段；湖口再往下是下游，江宽，江口有水流堆积而成的崇明岛。

大家都知道长江水量和水利资源丰富，那到底有多丰富呢？

中国的江河

长江干流通航里程达 2800 多千米，在盛水期，万吨的轮船可以一直航行到武汉，小轮船可以开到更远的宜宾，难怪它被叫做"黄金水道"。长江可供开发的水能总量达 2 亿千瓦，是中国水能最富有的河流。主要水能资源集中在我国第一阶梯和第二阶梯、第二阶梯与第三阶梯的交界处，此处地势陡然下降，起伏较大，导致水流湍急。

长江干流所经省级行政区总共有 11 个，从西至东依次为青海省、四川省、西藏自治区、云南省、重庆市、湖北省、湖南省、江西省、安徽省、江苏省和上海市。最后经上海市的崇明县流入东海。长江流域是中国人口密集且经济最繁荣的地区，沿江有许多重要城市。

长江具体有哪些标志呢？

大家首先会想到三峡。中游的三峡大坝是世界最大的水利枢纽工程。上游，重庆市成为中国最大的直辖市；下游，长江三角洲高速发展以及浦东的开发。还有横贯长江的世界最大的水利工程——南水北调工程。除此以外，大家千万别忘记青藏铁路的建成，这条通车长江源头地区的铁路是世界海拔最高和最长的高原铁路。

一项又一项世纪工程从蓝图变成现实，同我们一起见证了长江的巨变。

知识链接

长江三角洲指长江和钱塘江在入海处冲积成的三角洲，包括江苏省东南部和上海市、浙江省东北部，是长江中下游平原的一部分，面积约 5 万平方千米。在经济上指以上海为龙头的江苏、浙江经济带。这里是我国目前经济发展速度最快、经济总量规模最大、最具有发展潜力的经济板块。

长江三角洲是中国人口最稠密的地区之一，这里雨量充沛，水道纵横，有"水乡泽国"之称。在长江下游和沪宁线两旁有许多重要城镇，如上海市、无锡市、常州市、苏州市、镇江市、扬州市、泰州市、南通市、徐州市、盐城市、淮安市、连云港市等。其中，上海是中国最大的工商业城市、世界著名的外贸港口；义乌市是全球最大的小商品集散中心；无锡、苏州、常州等是风景游览地和新兴的工业城市。

三　中国第一长河——长江

长江源头

长江源，一处神灵之所，神性，圣洁，孕育了华夏的文明。在青藏高原腹地，在昆仑山脉和唐古拉山脉之间，恶劣的自然环境拦住了普通人的脚步，却阻挡不了科学家、探险者和环保爱好者的向往。如果你能克服高原反应等不适状况，那么在长江源头自然保护区等待你的，将会是纯白无瑕的雪山冰峰，是一望无垠的草地，是倒映在河水中的蓝天和白云。

大家一定很想知道长江源在哪里，其实古代的人们跟大家一样好奇。早在战国，人们就开始探索长江源头的秘密，数千年来一直在努力寻找答案。

明代以前的 2000 多年，大家都相信战国时的一部地理书籍《禹贡》，书里说"岷山导江"。这里说的岷山，不是如今四川的岷山，而是指甘肃省天水县境内的一座山。现在大家都已经知道这个说法跟实际情况差之千

▲长江源头沱沱河与青藏公路交汇处

里，因为这个地方只是长江支流嘉陵江的源头而已。

明朝有一个著名的旅行家叫徐霞客，他走南闯北，到处考察，纠正了以前的说法。在徐霞客写的《江源考》中，他就指出金沙江才是长江之源，这虽然还不是正确答案，但已经很接近了。到了清朝，人们认识了通天河，这又比徐霞客的金沙江更接近长江源，但依然无法确定长江真正的源头在哪里。

这个谜题一直到中华人民共和国成立后才被揭晓，1956年和1977年，中国两次派考察队去探寻长江源头。在1977年的考察中，终于确定发源于各拉丹冬的沱沱河是万里长江的真正源头。

登山爱好者对于各拉丹东这个名字肯定很熟悉，它是唐古拉山脉的主峰，位于青海省南部，在藏语里的意思是"高高尖尖的山峰"。它像一座父亲山，而它的儿女，就是身下的冈加曲巴冰川，正是这70几条现代冰川提供了源源不断的冰川水，成为长江奔腾的血脉。

近几十年来，受全球气候变暖、人口增加等因素影响，长江源头面临着一场严峻的生态压力，当地雄奇壮美的巨大冰川加速消退，数千个高山湖泊已经减小甚至干涸，宝贵的湿地资源正在减少。

为了唤醒世人对长江流域生态环境的警觉，1999年，"长江源"纪念碑在长江源头沱沱河畔正式揭碑。从此，这座高2.5米、重14吨的花岗岩纪念碑犹如守护者一般，俯瞰着蜿蜒曲折的沱沱河，俯瞰着岸边的小镇和来来往往的车队、行人。它一身纯白，带着一种无法言状的庄严和圣洁，在呼唤着大家——行动起来保护母亲河！

> **知识链接** ✓
>
> "再探长江源"科考探险漂流队完成对长江当曲河源的科考探险，提出了《长江双源》说，引起广大群众的关注。此次再探长江源，科考队的首要任务就是测量当曲的长度及流量等方面的精确数据，让数据来证明当曲和沱沱河谁更应该是长江的正源。目前可以公布的发现是，当曲和沱沱河一样发源于冰川，并非此前大家认为的发源于沼泽，这说明当曲变长了，它更可能是长江真正的源头。

长江沿线的主要城市

长江上游崛起的攀枝花市

长江上游的第一座城市是哪儿呢？那是一座以花命名的城市，它的名字叫"攀枝花"。

攀枝花位于四川省与云南省的交界处，也是金沙江和雅砻江的汇合处，北距成都 749 千米，南距昆明 351 千米，是"南方丝绸之路"上重要的交通枢纽和商贸物资集散地。

为什么这个城市会有一个花朵的名字呢？

攀枝花这个名字，是伟大领袖毛泽东主席起的。据说郭沫若先生曾去那一区域视察工作，看到当地有一棵巨大的攀枝花树开得正盛，兴致突发就写了一首诗。后来，毛主席读了他写的诗，十分喜欢，对其中带"攀枝花"的诗句大加赞赏。

▲木棉花

"攀枝花是什么花呢？"毛主席问郭沫若，郭沫若愣住了，他说他不知道这叫什么花，只是听当地人叫它攀枝花，很是好看，于是就把它写进了诗里。其实，这深得毛主席赞赏的攀枝花，学名叫木棉，广东地区的人们称它为英雄花，西南地区的少数民族则称它为攀枝花。过了没多久，负责考察川滇交界地区钢铁基地建设的人回到了中央，毛泽东问考察队的人："那地方叫什么名字？"人们回答说："这地方没名字，只有一个 7 户人家的小村庄，村子里有一棵树，叫攀枝花。"毛主席听了以后，笑着说："那就叫攀枝花吧！"众人一听，都说好。这样，全国唯一以花命名的城市就诞生了。1987 年，国务院正式批准"渡口市"更名为"攀枝花市"。

回望岁月，攀枝花人在荒无人烟的攀西裂谷建起了一座以钢铁、钒钛、化工等为主的，充满活力、独具特色、发展潜力巨大的新兴工业城市。曾经的"不毛之地"，如今已成长为长江上游一颗璀璨的明珠。

奇迹之一：车轮上的工业基地

在世界各国工业发展史上，凡是大工业基地的建设，一般都是在具有铁路和航运，能够承载大量运输的条件下完成的。然而，攀枝花是个例外。

1964年，党中央、毛主席作出建设"大三线"的战略决策，决定让攀枝花工业基地尽快上马，争时间、抢速度，尽早建成出铁。

当年，数万名交通建设者先行进入攀枝花，在不到两年的时间里，相继完成了市区主干线——石华公路、平大公路、宝摩路、灰大路、冶金环线的建设；全线改造了108国道雅安至鱼鲊段；新建两座独立大桥，初步改变了交通闭塞的状况。

奇迹之二："象牙微雕"钢城

攀钢主体工厂和基础设施的总图布置与设计，是我国冶金建设史上很少遇见的难题。为什么这么说呢？

弄弄坪厂区东西长约2500米，南北宽不到1000米，总面积只有2500平方米。不仅如此，厂区前面是大江，其他三面环山，自然地形坡度在10%至20%，最大的达到50%，而且还有5条大冲沟和2条断裂带横截场地。这么巴掌大的地方，再加上异常复杂的地质条件，剥落、岩堆、古滑坡、

▲攀钢夜景

昔格达土层交错重叠。这些问题加在一起，如果照搬前苏联模式，在这里建设大型钢铁企业，那只能是一个"传说"。

但为了完成这个"不可能的任务"，来自冶金部、铁道部的800余名专业设计人员齐聚弄弄坪。他们深入现场，反复勘测，先后做了50多个总图布置方案。经过多次筛选、反复修改，最终形成了一个既切合实际，又经济合理的总图布置设计方案。

这就是被世界誉为"象牙微雕"的设计。与当时国内同规模的钢铁厂相比，"象牙微雕"式的设计使工厂用地减少一半，建筑系数高10%至20%，厂区铁路少90千米左右，土石方工程约少2/3。这个成功的设计，为山区建设大工业走出了一条新路。

奇迹之三：30万军民打通成昆铁路

为了建设攀枝花，打通成都——昆明交通主干道是关键的一步。1965年4月，由铁道部第二勘察设计院设计，铁道部第二工程局、铁道兵第四师、第五师共30万军民联合施工的成昆铁路开始动工修建。

成昆铁路几乎都是在深山峡谷中穿行，沿线的地质情况十分复杂，那里的悬崖峭壁被人们形容为"气死猴子吓死鹰"，免不了要打洞架桥，施工有着巨大的危险。因此，许多建设者都牺牲在了成昆铁路上。大家知道有多少人为此献出了自己宝贵的生命吗？据统计，这条1100千米的成昆铁路，沿线牺牲的建设者的坟墓就有1000多座，几乎每千米就有一位建设者牺牲。所以，这些逝去的生命应该被每一个受益的后人所铭记。

1970年7月1日，成昆铁路全线通车。成昆铁路的开通，使攀枝花市的交通状况得到极大改善，出入攀枝花的物资可以方便快捷地通过成都、昆明两地，从而辐射全国。

奇迹之四：普通高炉将"死矿"变"宝藏"

建设钒钛磁铁共生矿是攀枝花开发的主要目的之一，但钒钛磁铁共生矿的冶炼是当时世界上未解决的技术难题。

1959年到1961年，共和国的科技工作者们开展了无数次模拟试验和讨论，最终依靠自己的力量，攻克了技术难关，形成了一套以普通高炉冶炼高钛型钒钛磁铁共生矿的方案，将"死矿"变成了"宝藏"。

奇迹之五：钒钛光华

我国钒工业体系的形成与攀枝花建设者首创的"雾化提钒法"分不开。可以说，雾化提钒新工艺的产生使我国走出了自己发展钒工业的路子，也为我国冶金工业的发展作出了不可磨灭的贡献。

经过了约三年的试验，负责雾化提钒工艺的建设者在攀钢原炼钢厂铸铁车间的厂房内，建起了我国第一座雾化提钒工业试验装置。这座1号雾化提钒试验炉的雾化能力为60吨／小时。

奇迹之六：二滩水电站

二滩水电站是雅砻江下游的一座大型水电站，当年为了建设这座水电站，足足提前两年修建附近桐子林至方家沟的公路。所以，为了做好工程准备，整个水电站的修建过程经过了漫长的十五年。

1987年，二滩水电站前期准备项目的开建拉开了二滩水电站准备工作的序幕。又一个两年之后，装机330万千瓦、年发电量170亿度的二滩水电站开始前期施工。1998年8月18日，首台机组正式投产发电。2000年底，工程通过竣工验收。

虽然很多人并没有听说过二滩水电站，因为它远不如后来的三峡水电站出名，但在20世纪，它可是中国建成的最大水电站。这座水电站的大坝有240米高，高度位居亚洲第一，在全世界也能排进前三。

▲二滩水电站

二滩水电站的装机容量达330万千瓦，相当于整个黄河流域所有水电站装机容量的总和，所以很可能你每天使用的电流正是来自于这个水电站呢。

奇迹之七：从"不毛之地"到

三 中国第一长河——长江

新兴工业城市

攀枝花以前被人叫做"不毛之地"。现在住在攀枝花市的人大概无法想象这一情景，当年诸葛亮南征，五月渡泸，七擒孟获之时，到了攀枝花看见悬崖峭壁，草木不生，仰天长叹道："这里粮草无法补给，屯兵太危险啦！"于是急忙撤兵返回。

1965年，当第一批建设者从祖国的四面八方来到攀枝花时，他们打响的第一个战役就是"三通一住"。为解决通水、通电、通车和住房问题，先期到达的建设者们放下背包就投入到了紧张的施工中。他们可真的是在与时间比速度啊！

7个日夜后，一座装机容量3千瓦的柴油机临时发电站建成；5个月后，10000平方米的总指挥部招待所和一大批简易住房建成；9个月后，装机容量为3.6万千瓦的501火力发电厂和渡口、仁和两个自来水厂建成；不到一年，一大批帐篷、席棚和"干打垒"等临时住宅出现在金沙江畔；不到两年，50多座中小桥梁、760多孔涵洞和3条公路干线建成，攀枝花对外通道打通。

如今的攀枝花，已成为四川省第三大城市。由于在攀枝花市境内蕴含了非常丰富的矿产资源，其中铁的储量占全国的25%，钒的储量占全国的64%，而钛的储量更是达到了全国的93%。因此在工业方面，攀枝花已发展成为中国西部重要的钢铁、钒钛、能源基地和新兴工业城市。

知识链接

以"生态、环保、民族亲和"为主题的中国攀枝花国际长江漂流节暨漂流大赛，被赞誉为是攀枝花人对中华民族的伟大贡献。它于2001年在攀枝花市金沙滩国际长江漂流培训基地诞生，现已成功举办了三届，共吸引了166支中外队伍参赛，接待了包括中国和来自美国、英国、日本、南非、加拿大、爱尔兰、斯里兰卡、以色列、法国等19个国家和地区的15万名游客，在国内外旅游市场逐步树立起极高的声誉，从而实现了旅游业社会效益、经济效益与环境效益的统一，举世瞩目。

万里长江第一城——宜宾

宜宾有不少别称，如"僰道""戎州""叙州城"，但最响亮的称号还是"万里长江第一城"。或许大家会问，难道长江上游第一座城市不是攀枝花吗？这称呼怎么会落到宜宾身上呢？

因为宜宾处在中国四川省中南部，刚好是金沙江和岷江汇合的地方，长江流到这里之后才开始称作"长江"，所以宜宾也就成了"万里长江第一城"。宜宾市是无愧于这个称呼的，因为它是长江上游开发最早、历史最悠久的城市之一，是南方丝绸之路的起点，素有"西南半壁古戎州"的美誉。

大家知道历史文化名城宜宾最出名的是什么吗？对了，是五粮液。

宜宾酿酒的历史有3000年，发达的酿酒工业使宜宾成为名副其实的"中国酒都"，全国闻名的五粮液就是产于这里。五粮液酒厂可以说是宜宾的"酒业大王"，而绿草成茵、花团似锦的十里酒城，更成为中国工业旅游真正的奇葩。

只要你看过电影《卧虎藏龙》，就绝对忘不了宜宾的另一特色，那就是竹子。宜宾是一个用绿色竹子环绕起来的城市，卧虎藏龙中一系列的竹

▲宜宾金沙江南门大桥

林打斗场景如行云流水，一气呵成，那画面上连绵起伏的竹林，正是来自宜宾极具代表性的竹林美景"蜀南竹海"。

蜀南竹海方圆120平方千米，视线所能到达的地方，除了竹子，还是竹子，就像是竹林的海洋一样。北宋文人黄庭坚的一句"壮哉，竹波万里"足以道出蜀南竹海的气魄和雄浑。如果你到过蜀南竹海，你可能会觉得已经见到了全天下所有的竹子，因为那里的竹子种类有420多种。漫步在竹林之间，抬头看竹浪翻滚，低头瞧小河流水，当一阵风吹过，伴随着竹叶沙沙声一起传来的或许还有川妹子悠扬甜美的歌声。此时，你就算没有饮酒，也会觉得醉了吧。

宜宾的竹子不仅可以吸引大家的眼球，还能满足大家的嘴巴呢。宜宾人以竹子为原料做出了各种菜肴，形成了令人垂涎三尺的"全竹席"。不同品种、不同生长期的竹子以及竹子的不同部位，配合着其他美味原料可以制作出丰富的"竹之佳肴"，如竹筒饭、竹根酒、竹海腊肉、竹叶黄粑、三鲜竹荪汤、凉拌笋丝等，令人回味无穷。

借助丰富的竹子资源，宜宾市的长宁、江安县制作出了许多以竹子为

▲蜀南竹海

原料的工艺品，如竹雕、竹根雕、竹编等等，品种繁多，几乎涵盖了人们生活的各个方面。特别是借助竹根而雕成的各种工艺品，其精美的制作工艺、古朴厚重的地方特色和生活情趣，更是让人爱不释手。江安是其中一个以竹簧雕刻出名的县城，那里的竹簧经过处理后，黄橙莹润，泛着淡黄色的象牙光泽，被称为"竹象牙"，难怪会在2008年被列入国家级非物质文化遗产保护。此外，宜宾还与一位神话传说的主角有密切的联系，是谁呢？

这个主角就是哪吒。哪吒是正义的化身，在很多地方受到神明般的崇拜。而且除了无边的法力和男儿的阳刚，哪吒还是一个可爱的孩子，有着纯真的童心和凡人一般的情感，正是这样，才格外让人怜爱。

宜宾的哪吒文化影响广泛，有关哪吒生于宜宾、葬于宜宾之说和哪吒的神话传说由来已久。哪吒助周灭殷的故事与僰侯助周灭殷的史实正好相符，至今在南广河与长江交汇处还有哪吒闹海的陈塘关、金光洞遗址和"龙脊石"遗迹。

海峡两岸都认定宜宾是哪吒的故里。20世纪90年代初，宜宾市根据台湾嘉义市一位叫黄樟的老先生讲的"哪吒托梦翠屏山"的故事，在翠屏山腰修建了哪吒行宫，自此以后，这里便成为台湾地区太子教信众公认的祖庙，海峡两岸众多哪吒信徒慕名前来拜祭，从而促进了海峡两岸经济文化的交流。

知识链接

宜宾市的市树是油樟。油樟是宜宾的乡土树种，树干通直，冠大荫浓，象征宜宾经济兴盛，代表宜宾人奋发向上、勤劳朴实。宜宾是全国最大的油樟基地，素有"天然油樟植物园"之称。樟油产量占全省90%以上、全国70%以上，从樟油中提炼的"中国桉叶油"产量占世界1/3，在国际市场上销售量仅次于巴西。

宜宾市的市花是黄桷兰。黄桷兰属常绿乔木。花白色，单生于叶腋，花瓣细长，素雅而高洁。可供庭院、路旁、屋畔及窗前、草坪内群植或孤植之用，根和果实可入药。

长江上游经济金融中心——重庆

在长江和嘉陵江的交汇处,镶嵌着一颗璀璨的明珠,它就是中国四个直辖市之一的重庆。重庆有许多荣誉称号,它是长江上游地区的经济中心和金融中心,是中国重要的现代制造业基地,也是长江上游的科研成果产业化基地。

此外,如果你去过重庆,就会知道它的城区完全是依山而建,道路大多都是倾斜的,叫"山城"实在是当之无愧。山城的冬、春两季多浓雾,所以又有"雾都之称"。

重庆历史悠久,城市的名字也改过好几次,如今的名字是800多年前定下来的,大家想知道是怎么回事吗?

公元前11世纪,重庆是周代巴国的首府。巴国,是武王伐纣后封给姬姓的一个小国,重庆就是当时巴国的所在地。春秋战国时期,秦始皇统一了中国,为了巩固统治,他在巴国设置了巴郡。

▲重庆是有名的山城

到了汉朝,因为这里紧靠长江,地形险要,易守难攻,是兵家必争之地,因此重要性提高了,便改名为江州。隋代时,又因为它靠近嘉陵江,而嘉陵江古称渝水,又改称渝州。这样经过多次变更,渝州的名字就确定了下来,今天"渝"仍是重庆的简称。

一直到1189年,宋光宗先封恭王,后即帝位,他觉得这是"双重喜庆",值得庆贺,于是升恭州为重庆府。这样,重庆就有了今天的名字。

在中国的近代史上,重庆有一些颇为特殊的经历。

重庆在1891年成为中国最早对外开埠的内陆通商口岸。四年后，李鸿章和日本政府代表伊藤博文签订《马关条约》，其中规定增开重庆、沙市、苏州、杭州为通商口岸，开通宜昌沿长江至重庆的航线，重庆南岸滨江的部分地域也成为了法国租界。20世纪开始时，外资及民族资本开始在重庆发展近代工业。

相比作为通商口岸，更特殊的经历是作为"战时首都"。从古到今，一共有三国在重庆建都，除了巴国都和大夏国都，最后一次是作为国民政府的"陪都"。

1937年，日本向中国发动侵略战争。一年后的10月，日军占领了广州、武汉，国民政府不得已从原来的首都南京撤离，重庆就这样被选为了"陪都"，也成为了当时中国的政治、军事、经济和外交的中心。抗战时期的重庆就这样接起了历史的担子，作为中国的战时首都，它是世界反法西斯远东战场的指挥中心，也是国共合作和抗日民族统一战线的重要政治舞台。

▲重庆国民参政会大楼

那段时间，随国民政府一起南迁的还有工业和教育产业，重庆一度成为内迁工厂和学校的集中地，学府云集的重庆文化区沙坪坝成为当时大后方著名的"文化坝"，至今不少仍然存在。一大批著名的教育家、学者来渝执教，众多文化艺术界名流也来渝工作、定居，有大家熟悉的郭沫若、柳亚子、马寅初、陶行知、梁漱溟、徐悲鸿、老舍等等。这样一来，陪都文化兴盛一时，重庆自然而然成为了当时全国的文化教育中心。

半个世纪过去了，昔日沙坪坝上的莘莘学子，现在已是遍布海内外的专家学者，他们十分怀念昔日的"坝上风光"，常有怀旧者故地重游。

今天，重庆大学校园里还保留着当年国立中央大学的旧址，这里培育出了一大批人才，如著名的诺贝尔奖获得者丁肇中教授、中国第一位女大使丁雪松、中国第一颗人造卫星设计者之一王家声等。今天的重庆图书馆，前身是"国立罗斯福图书馆"，

▲重庆火锅

成立于1947年，因为重庆的特殊身份，这个图书馆也自然成为联合国指定的资料寄存馆，一直未间断过。这是除了中国国家图书馆外，迄今为止中国保藏联合国资料最早的图书馆。

虽然重庆作为陪都只有短短的七年，但却留下许多遗迹和轶事，使陪都遗迹已成为重庆独特的人文景观，陪都文化也成为重庆文化发展史上的一块奠基石。此外，重庆还同美国的华盛顿、英国的伦敦、前苏联的莫斯科一起被列为世界反法西斯战争的四大历史名城。

知识链接

重庆市区三面临江，一面靠山，倚山筑城，建筑层叠耸起，道路盘旋而上，城市风貌十分独特，由此形成绮丽夜景。"不览夜景，未到重庆"，雄伟的山城重庆，以辉煌的夜景闻名海内外。山城夜景是重庆的城市名片。

重庆火锅是重庆饮食文化的代表，发源于重庆。据说以前长江边上的船工常宿于江边的小米滩，停船后，便立即升火做饭来驱寒，炊具仅一瓦罐，罐中盛汤，加入各种菜，又添以海椒、花椒祛湿，船工吃后，酣畅淋漓。这饮食方法便沿袭下来，并逐渐丰富，成为重庆人特有的美食。2007年3月，重庆市荣获中国烹饪协会授予的"中国火锅之都"称号。

三峡捧出宜昌市

宜昌在古代叫做夷陵，为什么呢？

这其实是由宜昌的地理位置决定的，它恰好在长江中上游结合部，长江水流出西陵峡就不再湍急了，同时从这里自西往东高山变丘陵，古人就很简练地说"水至此而夷，山至此而陵"，从而有了"夷陵"这两个字。

正因为处在过渡处，宜昌境内又有山区、丘陵、平原三种地形，其中山区最多，因此宜昌被称为"七山一水二分田"。

在古代，宜昌被称作是"上控巴蜀，下引荆襄"的要地，因为这里刚好是鄂、渝、湘三省市的交汇地，所以自古便是兵家必争之地，也是鄂西、湘西北和川东一带重要的物资集散地和交通要道，正所谓"三峡门户，川鄂咽喉"。

▲宜昌滨江公园

在宜昌城内，可以看见不少青灰色的砖木结构建筑物，有的已经很残破了，这些建筑物大多是明清时期所建。当时宜昌古城内读书的风气很浓，加上当时社会稳定，读书人中涌现了一批学业有成的人物，如刘一儒、王篆、赵勉、顾嘉衡、王世恩等。同时，城内也相继兴建起尔雅书院、墨池书屋等院舍，这使得宜昌古城成为鄂西学子们向往的地方。

今天，大家再去看这些古宜昌人的宅院，大多只剩下断壁残垣，但从当年的飞檐翘角，仍隐约可以感受到古朴典雅的意境。古人把这样的宅院门庭称之为"朝门"。走进去大家会发现，每座朝门宅院内有五六道门坎，门边往往立着石凳、石鼓，走近了仔细看，各家门梁柱上的雕画都十分讲究。而且街巷地面仍然铺着整齐的青石板，显得十分幽深恬静，相信眼前的此情此景会让你对古宜昌宅院的建筑特色有更为深刻的印象。

1876年，宜昌被辟为我国最早的通商口岸之一。一年后，清朝政府在宜昌设立海关，英、日、美、德、意、法等国也相继设立领事馆和商行。

在长江经济带中，宜昌东接武汉，西连重庆，有着承东启西的重要战略位置。建国后，宜昌受到了更多的重视，由于地理位置居中，它是国家实施西部大开发战略由中线进入西部的起点，是东部发达的经济科技与西部丰富资源的结合部，是南北经济文化交往、东西资源要素对流的交汇处和过渡地带。

随着我国对外开放由沿海向内地梯次推进，1994年8月，宜昌市被国务院批准为沿江开放城市，所辖夷陵区、兴山县、秭归县被列为三峡经济开放区。

▲长江三峡水利枢纽工程三峡大坝

那现在说到宜昌，大家又会联想到什么呢？

肯定是长江三峡水利枢纽工程！它是世界上规模最大的水电站，是世界上施工难度最大的水利工程，也是世界上建筑规模最大的水利工程，预计年发电量可达883亿千瓦时。这一系列的"世界之最"使这一工程在开建前就受到了社会各界的关注，由于涉及移民和环境问题，各方的争议也一直没有间断。

其实，宜昌的水电站不只有三峡，宜昌境内蕴藏着丰富的水能资源，是我国最大的水电建设基地。这里也有大家颇为熟悉的葛洲坝水利枢纽，年均发电量157亿千瓦时，还有大家很陌生的高坝洲电站、水布垭电站等五个大中型水电站和已建成的387座小水电站，年发电量综合达到1100亿千瓦时。所以说宜昌是全国的能源中心并不过分。

从上个世纪90年代长江三峡水利枢纽工程开工建设以来，宜昌的城市建设发生了翻天覆地的变化。随着长江防护林工程、天然林保护、退耕还林还草等国家重点生态环保项目的全面实施，宜昌市的生态环境得到明显改观。

现在的宜昌城区，周围群山拥抱，一条浩浩荡荡的长江穿城而过。春来百花盛开，夏日绿树成荫，秋至满山红叶映峡江，冬天千丈崖头顶白雪，宜昌市正在一步步成为一个适宜居住的山水园林城市。

知识链接

历史悠久的宜昌，是古代巴文化的摇篮、楚文化的发祥地。这里是伟大的爱国诗人、世界文化名人——屈原以及民族友好的使者——汉明妃王昭君的故乡。这片神奇的土地，记录了无数古往今来的历史名人。古城周围山川形胜，天下称奇，历朝历代三十多位赫赫有名的文学家、诗人、学者先后来过宜昌。他们无不陶醉于此，流连于斯。自唐宋以来，这里因地理位置偏远，又成为朝廷安置、处罚官吏的地方，遭贬而来的有朝中正直的大臣和一些不明不白被贬谪的文人学士。他们各自的经历和苦吟而出的无数诗文，又给这里留下一部值得研究的"古代贬官文化史"。

三 中国第一长河——长江

长江中下游特大城市——武汉

如果用一个字形容武汉，是什么？

大。作为湖北省省会城市，武汉是华中地区最大的都市，也是中国长江中下游的特大城市。在清末、民国及中华人民共和国初期，经济繁荣的武汉一度是中国内陆最大的城市，位居亚洲前列，有"东方芝加哥"的美誉。

武汉行政区划的沿革极具历史特色，可以说

▲东湖风光

是从明代到中华人民共和国成立的一个历史缩影。为什么这样说呢？

武汉可以看成是两市一县的融合。以前有"武汉三镇"的说法，大家在地图上看得很清楚，长江和其支流汉江从武汉市区流过，将这块地方一分为三，形成了武昌、汉口、汉阳三镇隔江鼎立的格局。其中，汉口和武昌，从明朝后期起就分别发展成为具有相当规模的城市，也就是"两市"。1927年，国民政府迁都武汉时，首次将汉口、武昌、汉阳合并为京兆区，总称武汉，开三镇合并先河。当时，汉口叫做汉口特别市，也就是当时的直辖市；武昌是湖北省的省会，因此武汉可以说是一个直辖市、一个省会城市和一个县的紧密联合体。

看到在城中交汇的长江和汉江，大家也一定能够猜到武汉是一个水资源非常丰富的城市。的确，光是武汉城区就有41个淡水湖，算上郊区那就更多了，有129个呢，难怪被称为"百湖之市"！而且，其中的武汉东湖是中国最大的城中湖。

如果大家把武汉的水域面积都加起来，你会发现竟然有城区面积的1/4呢！城市生活与江水如此亲密，难怪自诗人李白在这里写下"黄鹤楼中吹玉笛，江城五月落梅花"后，这里就被称作"江城"。

作为中华民国的诞生地、辛亥革命的星火之地、国家历史文化名城。武汉市有名胜古迹339处，革命纪念地103处，其中国家级重点文物保护单位13处，省级及市级重点文物保护单位156处。大家比较熟悉的有天下第一楼——黄鹤楼、长江第一桥——武汉长江大桥、亚洲民主之门——红楼等。

武汉的百年老街——江汉路大家可能没有听过，但那却也是很有意思的地方。自从明朝汉水改道后，位于两江交汇处的汉口陆续出现了很多大大小小的码头，码头是水路交通的接口，没过多久，这些码头附近就自然

▲武汉长江大桥

地形成了汉正街商品集散地。"码头文化"从此在武汉扎根,并产生了深远的影响,武汉变成了中国最有市井气息的城市之一。

城市的变化和发展就像生命体一样有兴旺和衰退的时候,武汉这个华中地区最大的工商业城市也不例外。

清末和民国时期,武汉经济位居亚洲前列。新中国成立后,武汉是国家重点建设的工业基地,武钢、武重、武锅、武船等一大批"武"字头企业陆续建成,极大地提升了武汉的经济地位和城市实力。1959年,武汉的工业总产值仅次于上海、北京、天津,位居全国第四位,这个位次一直保持到改革开放初期。

但自1980年以来,武汉未能及时跟上改革开放的步伐,逐渐被沿海地区抛在了身后。这种情况在进入21世纪后开始有所转变,武汉人也深知"逆水行舟,不进则退"的道理。20世纪90年代,武汉奋起直追,迅速建立了四个开发区。

今天,武汉的经济技术开发区已经成为中国最集中的汽车产业基地之一。这里聚集着东风汽车公司、东风本田汽车有限公司、神龙汽车有限公司等一批知名汽车企业的总部。还包括东风汽车技术中心、康明斯东亚研发中心等一批顶尖汽车研发机构,同时还有神龙汽车、东风本田、东风自主品牌和东风渝安等整车企业。而武汉东湖高新技术开发区也成为享誉海内外的"武汉·中国光谷",中国最大、最具实力的光电子产业生产和研发基地。

> **知识链接** ✓
>
> 武汉饮食有"早尝户部巷,夜吃吉庆街"之美谈。武汉的小吃以早点为主,武汉人把吃早饭称为"过早"。武汉人极其看重早饭,所以早饭内容一向丰富。老通城——豆皮、四季美——汤包、蔡林记——热干面、小桃园——瓦罐鸡汤为武汉四大名小吃。
>
> 湖北江河湖泊众多,水产极为丰富,所以餐桌上的河鲜是必不可少的。武昌鱼便是一道不可不吃的美味佳肴,它曾因毛泽东主席的"才饮长沙水,又食武昌鱼"的佳句名扬五洲。此外,梁子湖河蟹也是武汉人餐桌上必不可少的佳品。

珍藏中国 中国的江河

烟花三月下扬州

说到扬州,忍不住想吟一句"烟花三月下扬州",脑海中不禁浮现出三月烟雾迷蒙的河面上,远去的船只留下的淡影,而更远的目的地是那繁花似锦的扬州。这样想着,大家肯定也很希望坐上那艘大船,去美丽的扬州瞧个热闹。

今天的扬州在江苏省中部,你在中国地图上找,长江下游北岸的一个小圆点就是了。而古扬州是一个与今天相比更为广阔的地域,传说大禹治水划天下为九州,扬州就是其中一个。而且扬州的名字就是来源于《禹贡》中的"淮海惟扬州"。

扬州的历史很长,经过确切文字考证后是2500年,那扬州城又是谁建的呢?

一般大家认为扬州的建城从是吴王夫差建邗城开始算起。春秋时,这里叫做邗,属于吴国,公元前486年的时候,吴王夫差要北上争霸。既然要打仗,后勤储备当然不能少,于是他决定在扬州建邗城来囤积兵马,还开凿了邗沟,以便在江淮行船,所以今天还有人将吴王称为"扬州城市之父"。

▲ 扬州瘦西湖

公元前 319 年，楚国打败了越国，在邗城基址上第二次筑城。这地方没什么高山，却有很多丘陵，被当时的人称为"广被丘陵"，于是有了"广陵"这个名字。

到了秦汉的时候，因广陵城靠近长江，又更名为江都，取的是"临江而都"的意思。东晋南北朝时期，中原南迁的移民带来了先进的生产技术和文化，促进了长江下游一带的生产发展和经济繁荣。隋代统一后，扬州才有了现在这个名字。

在隋朝的时候，扬州是非常繁华的，就连皇帝也惦记着想去转转。隋炀帝杨广住在北方，离扬州远得很，但他在夜里做梦都梦见扬州好。于是隋炀帝征调了数以万计的民夫开挖南北大运河，南起杭州，中间经过东都洛阳，北到北京，还在扬州蜀冈、雷塘一带大建宫殿、苑囿，真可谓工程浩荡。

据说，奢侈一时的隋炀帝完成了大运河的开凿后，觉得扬州非常合自己的心意，甚至都不愿回北方去。皇帝不想回皇宫这可能有点夸张，但隋炀帝的确三次从洛阳乘龙舟南游扬州，可见这个城市的吸引力之大！

隋炀帝的陵位在雷塘，这个奇怪的名字是怎么来的呢？

民间传说隋炀帝荒诞无耻，鱼肉百姓，死后天神不饶，将他的陵墓炸了个大堂，因此这个地方就叫做雷堂。这是老百姓借用地名来表达对隋炀帝的愤恨。要不是他命人开挖南北大运河，恐怕连这块小小的碑石也不会留给他。

到了唐朝，扬州的繁华发展到了顶点，在全国范围内排第一位，那时候说"扬一蜀二"，"扬"就是扬州。扬州不仅热闹，还非常开放，当时的扬州是我国对外文化联络和贸易的主要港口，东南亚和西亚诸国的商船都会来扬州进行贸易。

扬州的国际交往到底开放到什么程度呢？

首先，来看看数量。唐天宝六年，扬州人口一共有 47 万，其中仅阿拉伯商人就有 5000 多人，并且来这里学取真经和汉文化的日本遣唐僧人和留学生也络绎不绝。

其次，看看当时具体有哪些文化交流的例子。唐天宝十二年，大明寺高僧鉴真大师，由扬州出发东渡日本。由于航海条件差，他在十年中五次东渡都以失败告终。海上漂流的生活备尝艰辛，鉴真的眼睛就这样瞎了，但是他的决心没有变，就在唐天宝十二年，在双目失明以后，鉴真第六次东渡日本。这一次，皇天不负有心人，他终于到达日本。那一年，他已经是一个66岁的白发老人。后人为纪念他坚忍不拔、刚毅不屈的精神，修建了鉴真纪念堂。此外，世界著名的旅行家马可·波罗，元代时在中国做官，担任扬州的总管。伊斯兰教创始人穆罕默德第十六世孙普哈丁，在南宋的时候来扬州传教经商……

自古以来，大家都称道扬州美。看古人写的诗，最美的还是扬州的月色，"十年一觉扬州梦"的杜牧，念念不忘"二十四桥明月夜，玉人何处教吹箫？"后世诗人干脆断言："天下三分明夜月，二分无赖是扬州！"

好大的口气啊！但如果你真的见过扬州月色，如果你曾经沐浴在那像梦境一样的月光中，大概也会点头认同吧。

随着时光的流逝，扬州几经盛衰，却仍然保持着秀丽雅静的美感，就像一个真正的美女，不因岁月流逝而有任何损减。扬州的园林建筑，大家是一定要去看一看的，那景色精致得真是一步一景，忽放忽收，有许多意外的乐趣，正所谓"两岸花柳全依水，一路楼台直到山"。

知识链接

扬州历史悠久，文化艺术丰富多彩，其中震憾中国画坛的扬州八怪，对中国画的革新起了很大的作用。直到今天，"扬州三菊"——扬州名家画的菊花、老艺人的剪纸菊花和用通草制做的菊花，被人们称赞为扬州四季盛开不败的菊花。

扬州的剪纸艺术有着悠久的历史，扬州剪菊，以形态优美、逼真而闻名。闻名全国的工艺美术家张永寿，他剪的菊花更是以线条纤细、流畅、飘浮、自然、真切细腻而享誉盛名。诗人郭沫若曾经题诗称赞说："扬州艺人张永寿，剪出百花齐放来。请看剪下出春秋，顿使东风遍九垓。"

这些并无灵性的无色通草，开放在他们的手中简直就达到了以假乱真的境地。

流传至今的扬州木板线装古书，刻工精细，装潢精美。现在广陵古籍刻印社的工人们，在梨树板上雕刻汉字，雕刻艺术高超，印出的古籍线装书，深受中外读者欢迎。这些从清代保留至今的刻板，据说有20000多块呢。

六朝古都——南京

上个世纪 30 年代，著名文学家朱自清先生游历南京后，特意写了一篇文章来纪念。在《南京》一文中，有这样一段评价："逛南京像逛古董铺子，到处都有些时代侵蚀的痕迹。你可以揣摩，你可以凭吊，可以悠然遐想……"写得真是贴切极了。

南京，又叫金陵，是江苏省的省会。南京是一个地理位置极佳的城市，如果遇上个说书人讲给你听，他大概会说："南京，那可是襟江带河，依山傍水！城东有钟山龙盘，城西有石头山虎踞，城南是秦淮河镇守，城北有玄武湖，恰恰形成青龙、白虎、朱雀、玄武四大神兽镇护的形式……总之，就是风水很好，在封建时代被认为是王气的聚集地。"

南京的确是很受偏爱的城市！

汤山出土的猿人头骨证明，在这个"风水很好"的地方，35 万年前就有古人类聚居了。公元前 472 年，越王勾践灭吴后，在今天南京的中华门西南侧建城，从此开创了南京的城垣史。从那以后，先后有东吴、东晋和南朝的宋、齐、梁、陈，以及南唐、明、太平天国、"中华民国"共 10 个朝代和政权在南京建都立国，它们给这里留下了丰富的民族文化遗产。

纵观历史，文明总是从有水的地方开始的。且不说生命本身是从水而来，单看几个文明古国，哪个又离得开水呢？正如同黄河之于中国、恒河之于印度、尼罗河之于埃及。再缩小到城市范围看，如同嘉陵江之于重庆、府南河之于成都、松花江之于黑龙江、湘江之于长沙、珠江之于广州。

秦淮河对于南京就是这样的河，秦淮河在通济门分成了两支，一支绕道南城墙外向西流，称为外秦淮河；另一支通过东水关进了南京城，这才有了"烟笼寒水月笼沙，夜泊秦淮近酒家"的繁华秦淮。

南京城内的秦淮源自通济门，美在夫子庙。通济门附近的河水并不清澈，有些发黑，显得怪沉重的，似乎连荡几道波纹都那么费劲。可在夫子庙、得月台、乌衣巷、朱雀桥、秦淮人家，在那长长的走廊之间，不知怎么就显得美起来了。

在秦淮河逛街，你会发现除了岸上人多，河里的人也不少。你可以选

中国的江河

▲秦淮河夫子庙夜景

择坐着画舫或是小船在泮池里随波荡漾，大大小小的船像是在开碰头会，热闹极了。这里的大船还保留了几分古意；有的小船就有几分"今趣"了，它有个顶，看上去像是辆开在水上的夏利，很好玩。船一会儿穿过文德桥，一会儿钻过朱雀桥，来来回回的，很是快活。

大家看着这些快乐的人和船，心情是不会不快活的。这长长的秦淮，给古老的南京带来的不只是富庶、便利、金粉烟水气，还有数不尽的快乐。

早在六朝时代，秦淮河及夫子庙一带已是繁华的地区，十里秦淮的两岸是贵族世家聚居之地，也是文人墨客荟萃的地方。隋唐之后，一度冷落。明清又再度繁华，富贾云集，青楼林立，画舫凌波，成为江南佳丽之地。秦淮风光最著名的是在明代流行的灯船。那时候，河上的船，不论大小，都一律悬挂着彩灯，凡游秦淮河的人，一定要乘坐一次灯船才高兴。

如今，经过修复的秦淮河风光带，以夫子庙为中心，秦淮河为纽带，包括瞻园、夫子庙古建筑群、白鹭洲、中华门城堡，以及从桃叶渡至镇淮桥一带的秦淮水上游船和沿河景观，可谓集古迹、园林、画舫、市街、河房厅和民俗民风于一体的旅游线，极富情趣和魅力。

三 中国第一长河——长江

然而,大家是否知道这样一座美丽的古城也曾遭受过巨大的重创。

回顾那惨不忍睹的历史:1937年12月10日,日军向南京各城门发起猛烈攻势。13日,日军占领南京,对南京城进行了长达半年的血腥屠杀。在暴行最猖獗的六个星期里,我们30多万同胞被残忍地杀害,20000多名的妇女被强奸,南京城的1/3被纵火烧毁,被掠夺走的文物、财产也不计其数。

为了铭记这一历史事件,南京市人民政府筹建了侵华日军南京大屠杀遇难同胞纪念馆。1985年8月15日,原日军大屠杀遗址之一的万人坑落成开放。该馆占地2.5万平方米,主体建筑面积2100平方米。

2009年初,侵华日军南京大屠杀纪念馆与美国纽约世

▲南京云锦

贸大厦遗址、日本广岛、法国诺曼底和索姆河、柬埔寨红色高棉大屠杀场、波兰奥斯维辛集中营、西班牙埃布罗河战役的路线、德国柏林墙、荷兰安妮·弗兰克的家一起被评为世界十大"黑色旅游"景点。

> **知识链接**
>
> 南京的云锦与成都的蜀锦、苏州的宋锦、广西的壮锦并称"中国四大名锦"。
>
> 南京云锦是我国优秀传统文化的杰出代表,因其绚丽多姿,美如天上云霞而得名,已有近千年的历史,集历代织锦工艺艺术之大成,位于中国古代三大名锦之首。被古人称作"寸锦寸金"的云锦,是用 5.6 米长、4 米高、1.4 米宽的大花楼木质提花机,由上、下两人配合操作生产出来的。
>
> 云锦的织造工艺高超、精细,除"挑花结本""通经继纬"以外,夹金织银也是云锦的一大特点。织物显得雍容华贵、金碧辉煌,满足了皇家御用品的需要。云锦有时还作为朝廷礼品,馈赠外国君主和使臣以及赏赐大臣和有功之人。
>
> 南京云锦自宋代由彩锦演变而来,清康熙、雍正年间,南京云锦生产达到高峰,秦淮河一带机户云集,机杼声彻夜不绝,云锦产量空前。"红楼梦"作者曹雪芹祖上三代四人曾任清代江宁织造官达 65 年之久。
>
> 新中国成立后,在党和政府的关怀重视下,成立了南京市云锦研究所,并将南京云锦列为保护和发展对象。40 多年来,云锦研究所在中央有关部委和省、市有关部门的关心支持下,取得了很多科研成果,填补了多项国内空白,为云锦的继承、发展作出了杰出的贡献。

国际化大都市——上海

我国海岸线中部长江口的这个城市,相信每个人都听说过,甚至很多外国人不仅听说过,也曾游览过。这座城市就是上海,2010 年举办的世博会让这颗东方明珠在世界舞台上烁烁发光。

上海是中国第一大城市,也是四个中央直辖市之一。它拥有中国最大的工业基地、最大的外贸港口,是中国的经济、金融、贸易和航运中心。今天的上海无疑已是一个国际化大都市,并致力于建设成为国际金融中心和

三 中国第一长河——长江

航运中心。

大家知道1949年以前的上海是什么样子吗？

那时的上海是一个纸醉金迷的地方，被称为"东方的巴黎"。像"百乐门"舞厅、"大世界"娱乐中心，都是非常有名的娱乐场所。很多电影院也非常豪华。如大光明电影院始建于1928年，由匈牙利杰出的建筑师乌达克设计，属市级优秀保护建筑。国泰电影院建于1930年，由鸿达洋行设计，里面是钢筋混凝土结构，外墙采用紫酱红的泰山砖，白色嵌缝，属于典型的装饰艺术派风格，一眼看过去真是漂亮。1932年，国泰电影院正式对外营业的当天，登在《申报》上的广告用语是："富丽宏壮执上海电影院之牛耳，精致舒适集现代科学化之大成。"虽然我们都没见到当时的胜景，但看这两句广告词也可以猜想到一两分。

知识链接

1873年，法国人米拉看到黄包车便利，便向法租界公董局呈报计划。1874年1月，黄包车从日本输入上海。当时上海人又称之为东洋车。凡在上海租界上通行的黄包车须向工部局捐照会。抗战前夕，黄包车已达1000多辆。后三轮车兴起，至40年代后期黄包车逐渐被淘汰。1908年3月5日，英籍犹太地产商哈同经营的上海第一辆有轨电车通车（从南京路口至延安东路外滩），之后又相继发展了12条有轨电车线路。到1963年8月15日凌晨零时17分，最后一辆有轨电车末班车从静安寺开出，当当有声的有轨电车从此退出了上海。3时52分，第一辆20路无轨电车离开静安寺起点站向外滩方向驶去。机动三轮车因为便宜，在1970年代依然可以在上海街头看到，以后便逐渐被淘汰。

上海轨道交通于20世纪90年代初正式营运，是中国大陆地区继北京、天津地铁建成通车后建造的第三个城市轨道交通系统。最早的地铁1号线于1993年1月9日进行试通车，计划第一列车从新龙华（现上海南站）开往徐家汇，列车由内燃机车调车至新龙华车站。由于是历史上的第一次，没有经验，导致上行线供电触网无法送电，最后只能将列车调车回梅陇车辆段。第二天即1993年1月10日，上海地铁历史上第一列列车在新龙华至徐家汇区间进行了试通车。1995年4月，投入试运营。2009年12月31日，单日客流量达527.25万人次。

中国的江河

大家在上海很容易见到欧美式样的老建筑，如位于外滩的欧洲风格的建筑，它们是以前的外国银行、商家和饭店遗留下来的，现在几乎是上海的标志之一。去上海旅游的人很少不去外滩的，在傍晚的凉风中，远眺那些建筑，只见它们气派雄伟、庄重坚实、装饰豪华、错落有致，形成一派巍峨壮观的建筑风景线，难怪被誉为"凝固的音乐"，还有"万国建筑博览会"之称。

上海市内也有一些二三十年代遗留下来的风格迥异的花园别墅，如丁香花园、沙逊别墅、马勒住宅以及现在被用作上海市少年宫的嘉道理花园等。中华民国国父——孙中山也曾经在繁华的香山路上的一幢欧洲乡村式样的小洋房居住过，现在那里已经被改为孙中山故居。在上海的市中心，还有当时的面积庞大的上海跑马厅。

如果大家去上海旅游，第一想到的肯定是购物。上海有"购物乐园"

▼上海夜景

之称，有名的逛街地点一数就是一堆。像中华商业第一街南京路、繁华高雅的淮海路都是闻名全国的商业大街，正大广场、徐家汇的港汇广场规模巨大，恒隆广场、美美百货更是云集了时尚商品和顶级品牌。不怕你找不到，就怕你看花了眼。

在购物之后，如果大家感到有些饿了，不论你喜欢什么菜品，相信都可以在上海这个"美食天堂"找到。这里有世界各国的美食，不论是中式还是西式，是休闲型还是快餐连锁型，上海都不会让你失望。这里的西餐汇聚了意大利、法国、日本、葡萄牙、印度等30多个国家的风味，衡山路上的西式餐馆是最佳佐证。中餐则汇聚了苏、锡、宁、徽等近20个地方的风味，大家可以去老城隍庙、云南路、黄河路、仙霞路等饮食文化区好好品味一番。

上海拥有鳞次栉比的摩天大厦，它们象征了上海的繁华与发达。而在现代化的背后，枫泾古镇等古迹也展现了其自身独特的江南古典风情的韵味。

上海是中国近代与现代的最好见证，无数驰骋中国的历史伟人在这里留下了浓重的一笔，而那些历经岁月流年的建筑，也向人们静静述说着这一百多年来的沧桑巨变。

长江风光

长江三峡

中国十大风景名胜之一的长江三峡,是长江上最为奇秀壮丽的山水画廊,长江三峡也就是常说的"大三峡",除此之外还有大宁河的"小三峡"和马渡河的"小小三峡"。

大家所说的长江三峡,到底是哪三峡呢?

长江三峡由瞿塘峡、巫峡、西陵峡三者完美地组合而成,西起重庆奉节的白帝城,东到湖北宜昌的南津关,共同构造了一幅壮观瑰丽的画卷。

大家想知道它们各自的特点吗?

瞿塘峡以"雄"著称,在长江三峡中,它最短,却也最为雄伟、最险峻。

瞿塘之"雄"首先是山的"雄"。游人从西入口处进入峡中,会看见两岸断崖壁立,就像是被大斧劈过,被利刀削过,恍惚间看见的山都像是拔地而起,高高的山峰正向天空刺去。这里主要的山峰有 1000 米~1500 米高,而河宽却不过一两百米,甚至最窄的地方只有几十米,这使得两岸峭壁像不断逼近就快要碰到一样,把滔滔大江逼成了一条细带,蜿蜒于深谷之中。

在整个瞿塘峡中,西端的夔门最为雄奇。为什么叫"夔门"呢?

因为那里的河道特别狭窄,江的南边是耸立的白盐山,江的北面是巍峨的赤甲山,两岸的山峰对立,像门一样就快要关上,只留了一条缝。所以,自古有"夔门天下雄"的说法。

瞿塘之"雄"还在于水势之"雄"。古人形容瞿塘是"锁全川之水,扼巴蜀咽喉",这样的形容一点也不过分。在峡中狭窄的河道上,流量最多时可以达到 50000 多立方米/秒,洪水期常有惊涛拍岸的壮观。

瞿塘峡从白帝城到大溪镇只有短短的 8000 米,但两岸的风景名胜却非常的多。峡口的上游有奉节古城、八阵图、鱼复塔。峡内北岸山顶有文物珍藏甚多的白帝城,南岸有题刻满壁的粉壁墙。

三 中国第一长河——长江

▲瞿塘峡——夔门

　　这粉壁墙是白岩山上的一块天然岩壁，因为颜色和其他地方不一样，有些粉红，所以有了这个名字。在粉壁墙上，就是著名的瞿塘摩崖题刻。在这些众多的摩崖题刻里，大家在船上能清晰看见的有两个：一个是由孙元良将军写的"夔门天下雄，舰机轻轻过"，写出了瞿塘峡特色所在；另一个是著名的爱国将领冯玉祥将军所写的"踏出夔巫，打走倭寇"，以激励由此出川抗日的将士。

　　大家乘船一路往下，在风箱峡下游不远处的南岸会看见一座形状很像犀牛的山峰突起江边，人称"犀牛望月"。这一景色，如果配合晚上的月亮看，真是惟妙惟肖。出了瞿塘峡，峡口南岸的大溪文化遗址是考古工作者最感兴趣的地方。还有距白帝城仅几公里的杜甫草堂遗址，更是诗人流连忘返之处。

　　巫峡绮丽幽深，最大的特点是一个"秀"字。

　　它峡长谷深，奇峰突兀，云腾雾绕，江流曲折，百转千回，绵延不断，是三峡中观赏性最强的一段。船驶到这里，眼前是连绵的山峰和氤氲缭绕的烟云，船在江水上航行。只见时而大山当前，大石闭塞疑无路，忽又峰回路转，云开别有天，就像是进入了一条迂回曲折的画廊，景色清幽之极，

65

 中国的江河

▲巫峡神女峰

只觉眼中满是诗情画意。

巫峡中最享盛名的是巫山十二峰。大家知道巫山十二峰有什么传说吗?

在很久很久以前,长江巫峡南岸翠屏峰下的青石洞里,住着十二条蛟龙。一天,这十二条恶龙窜出了山洞,搅得巫峡上空天昏地暗,百姓苦不堪言。刚好西王母的小女儿瑶姬路过这里,她看到十二条恶龙为非作歹,十分生气,便把十二条恶龙炸成了千万段碎尸。

可是恶龙的碎骨纷纷落了下来填满了河谷,堵塞了水道,导致江水急剧上涨,淹没了村庄,眼看就要把四川变成一片汪洋大海了。瑶姬情急之中想起了治水英雄大禹,连忙找他帮忙。大禹用雷炸、用电击、用水浇,很快劈开了三峡,疏通了积水。大功告成之后,瑶姬本来是要回天宫的,但是,她看到还有很多恶龙尸骨化成的顽石隐藏在江水里形成了无数暗礁险滩,使得来往的船只很危险。瑶姬放心不下,决定和她的十一个姐姐一起留下来,为船工们导航。天长日久,十二位仙女化作了十二座山峰,耸立在幽深秀美的巫峡两岸。这就是巫峡十二峰。

巫峡十二峰中又以神女峰最富魅力,她站立在江边,宛若一幅浓淡相宜的山水国画。每当云烟缭绕,神女峰就像披上薄纱的仙女,比平时更显含情脉脉、妩媚动人。

神女峰还有另一个名字,叫望霞峰。这是怎么来的呢?

因为山峰的海拔高,人们认为它是"每天第一个迎来朝霞,又最后一个送走晚霞"的山峰,于是亲切地称它为"望霞峰"。可惜的是,三峡大坝蓄水后,大家乘船到神女的石榴裙下,需要使劲仰起头,才能一睹她的芳容。

由于巫峡谷深狭长,日照时间短,峡中湿气因此不散,非常容易形成云雾。大家会发现这些云雾千姿百态,有的像飞马游龙,有的像瀑布一样垂挂绝壁,有的又聚成滔滔云纱,在阳光的照耀下,形成巫峡佛光。在这里航行,很自然就会联想起"曾经沧海难为水,除却巫山不是云"的佳句。

三峡中最后一段是西陵峡,因宜昌市的西陵山而得名,历史上西陵峡

▲三峡悬棺

以"曲折"著称。

西陵峡是长江三峡中最长的一段,西起巴东官渡口,东止宜昌南津关,全长120千米,几乎是巫峡的3倍。除了"长"之外,它最大的特点是"大峡套小峡,峡中还有峡"。

为什么这么说呢?因为在西陵峡内还有破水峡、兵书宝剑峡、白狗峡、镇山峡、米仓峡、牛肝马肺峡、灯影峡等等。

▲灯影峡

兵书宝剑峡在西陵峡的西段,长约5000米,江面最窄处近只有100米。为什么会有这样的名字呢?

因为大家行舟到这一段,会在北岸崖壁石缝中看到古岩棺葬的匣状遗物,长得很像书卷,传说是诸葛亮藏的兵书。下面又有一块巨大的石头直直地插入江中,就像是一把锋利的宝剑,传说是诸葛亮藏的宝剑。大家看完这样的风景之后,一定会觉得"兵书宝剑峡"是个很贴切的名字吧。因为"书卷"的颜色像铁的颜色,所以也有人叫它铁棺峡;它还有一个别名叫"米仓峡",据说是因为诸葛亮曾经在此驻兵屯粮。

牛肝马肺峡的名字也和山的形状有关。牛肝马肺峡在西陵峡的西段,

三 中国第一长河——长江

因为北岸岩壁有两团赫黄色的岩石重叠下垂,一块长得像牛肝,一块长得像马肺,所以叫牛肝马肺峡。过去的"马肺"上,还长着一株古松,船在远处就可以看到,就像是峡中的卫士,成为天然的航标。可惜现在大家已经见不到了,因为在清光绪年间,"马肺"被英国炮舰打掉了。

崆岭峡在西陵峡西段偏中,过去这里滩险流急,礁石密布,行舟非常困难和危险,稍有不小心,就会触礁沉没。俗语说:"青滩泄滩不算滩,崆岭才是鬼门关。"

▲牛肝马肺峡之牛肝

崆岭峡内又有一小段叫黄牛峡,因岸边的一座山上有一块岩石看起来特别像人牵黄牛而得名。有一首民谣是这样说的:"朝发黄牛,暮宿黄牛,三朝三暮,黄牛如故。"意思是说这段江流水急,暗礁多,木船行驶十分吃力,又要时刻小心谨慎,所以行驶速度很慢。结果早上从黄牛峡出发,晚上还在黄牛峡,走了好几天,黄牛山依然在视线之内。

不过现在情况已经大有改变,峡内河道经过整治之后,横江乱石和水下暗礁已被爆破清除,航行至此如履平川,昔日"鬼门关"现在已经变成了"阳关道"。

灯影峡在西陵峡石牌以西，在南岸的山上有四块奇石，看起来很像《西游记》唐僧师徒四人西天取经满载归来的形象：手搭凉篷、前行探路的孙悟空；捧着肚皮、一步三晃的猪八戒；肩落重担、紧步相随的沙和尚；念经诵佛、合掌缓行的唐僧。每当峰顶在晚霞的印照下，由远处望去，非常像皮影戏中的人物，所以叫灯影峡。

灯影峡还有个更诗意的名字，叫明月峡。因为峡两岸的山岩大多是银白色的，和流淌的江水交相辉映，使整个峡江好像镀上了一层朦胧的月光，因此而得名。

长江三峡，无限风光！瞿塘峡的雄伟，巫峡的秀丽，西陵峡的险峻，还有三段峡谷中的大宁河、香溪、神农溪的神奇与古朴，使这驰名世界的山水画廊气象万千。

这里的群峰，重岩叠嶂，峭壁对峙，烟笼雾锁；这里的江水，汹涌奔腾，惊涛拍岸，百折不回；这里的奇石，嶙峋峥嵘，千姿百态，似人若物；这里的溶洞，奇形怪状，空旷深邃，神秘莫测……三峡的一山一水，一景一物，无不如诗如画，并伴随着许多美丽的神话和动人的传说，着实令人心驰神往。

长江三峡，人杰地灵！

▲长江三峡

这里是中国古文化的发源地之一，这里孕育了中国伟大的爱国诗人屈原和千古名女王昭君；青山碧水，曾留下李白、白居易、刘禹锡、范成大、欧阳修、苏轼、陆游等诗圣文豪的足迹，留下了许多千古传颂的诗章；大峡深谷，曾是三国古战场，是无数英雄豪杰驰骋用武之地；这里还有许多著名的名胜古迹，白帝城、黄陵庙、南津关……它们同这里的山水风光交相辉映，名扬四海。

> **知识链接** ✓
>
> 在举世闻名的长江三峡和四川巫山大宁河小三峡悬崖峭壁之上,有无数悬棺,有单棺,有群棺,有的似木船,有的似风箱……
>
> 在瞿塘峡北岸一处黄褐色悬崖上,有几个竖立的洞穴,宽约0.5米,从前里面置有长方形的东西,从远处看去,形状像风箱,所以被称为风箱峡。那些风箱是战国时代遗留的悬棺,共发现九副,棺中有青铜剑和人骨,现在悬棺已坠毁,洞穴仍存。南岸粉壁崖上多古人题咏石刻,篆隶楷行,造诣各殊,刻艺精湛。
>
> 古栈道遗迹是岩壁上依次排列的无数石孔,石孔一般距水面30米左右,深约一尺,孔距在四至六尺之间,多数地段为上下两排。古时,在石孔上插入一根六寸木棍,然后在木棍之间铺上木板,这就是大宁河的栈道。人们就在木板上行走并运送物资。对游人来说,悬棺和栈道都是带有神奇色彩的,游人可以充分发挥自己的想象,对"栈道之迷"作出解释。

武汉长江大桥

横卧于汉阳龟山和武昌蛇山之间的武汉长江大桥,是我们的"万里长江第一桥",因为它是中国古往今来第一座横跨长江的桥梁。

这万里长江第一桥有多长呢?

超过1000米,确切说是1 670.4米,而且正桥是铁路和公路两用的双层钢木结构桥梁。也就是说,如果大家开的是汽车,就应该在上面的公路桥行驶,如果大家坐的是火车,就会在下层的双线铁路桥上通行。

武汉长江大桥的桥身一共有八个墩、九个孔。每个孔的跨度有128米,这是为了保证桥下可以通过万吨巨轮。八个桥墩,除第七墩外,都采用"大型管柱钻孔法",这是由我国桥梁工作者首创的新型施工方法,凝聚着我国桥梁工作者的机智和精湛的工艺。

大家不要以为武汉长江大桥只有实用性,这座桥的建筑设计中还包含了很多中国民族建筑的特征。如你可以在桥面两侧的栏杆街排上找到铸造而成的各种飞禽走兽造型;在大桥的两侧是对称的花板,上面的内容大多取材于我国的民间传说。有"孔雀开屏""鲤鱼戏莲""喜鹊闹梅""玉兔金桂"等等,很有民间喜庆的味道。如果你有时间进入大桥两端的桥头堡参观,在大厅里就会看见那些建桥英雄的雕像,相信每个人在欣赏时都会追忆逝去的岁月,感触英雄的博大气概。

武汉长江大桥不仅是长江上一道亮丽的风景,而且也是一座历史丰碑,它在江城人们的生活中留下了不可磨灭的印迹。

大家是否知道,在长江上修一座大桥是多少代人的梦想啊!

清朝时,就有人设想在长江上修建一座大桥,孙中山先生在《治国方略》中也有这个规划,但受限于当时国力薄弱,最终未能实施。新中国刚成立没多久,在国家优先发展重工业的背景下,铁路运输的重要性开始凸显,建造大桥跨越长江天堑被提上了议事日程。百废待兴的新中国将武汉长江大桥列入第一个五年计划的重点工程项目中。

1950年初,中央人民政府指示铁道部开始着手筹建武汉长江大桥,并成立"武汉大桥测量钻探队"。曾参与武汉长江大桥设计施工的桥梁专家、中国工程院院士方秦汉回忆说:"当时可以说是举全国之力来修建武汉长江大桥,为此召集了当时最优秀的专家,调动了当时全国最先进的设备。"

在"集全国优秀人才,建长江第一大桥"的动员令下,各地优秀桥梁

▲武汉长江大桥

专家、技术人员汇聚武汉。他们有的来自铁道部北京桥梁事务所,有的来自茅以升先生的中国桥梁公司,有的来自南方的广州铁路局,有的来自东北的哈尔滨铁路局……1955年2月,武汉长江大桥技术顾问委员会正式成立,主任是著名桥梁专家茅以升,委员包括罗英、陶述曾、李国豪、张维、梁思成等。为了修好这座桥,铁道部还专门请前苏联桥梁专家西林等人为武汉长江大桥提供夜景技术指导,他们组成一个25人的专家组,与武汉长江大桥工程技术人员并肩作战。

不仅建桥的专家来自全国各地,建桥所需的钢材等材料和机具设备也都靠全国人民支援。

方秦汉院士说:"当年建武汉长江大桥,并不仅仅是建一座桥,是把它当成'百年大计'来对待的。"当时中央指示:"修建的长江大桥应当成为一个卓越的建筑,它不但应以现代化的技术解决国家巨大的经济课题,而且在建筑技术上还应以雄伟壮丽的外观来标志中国的新时代。"

自1950年初中央人民政府指示铁道部着手筹备到1955年9月1日正式开工,光是大桥的筹建工作就开展了5年。从大桥的桥址线到桥式、净空、建桥材料,甚至是桥头堡的设计等等,都进行了反复的论证和试验。

一系列反复的论证、实验和创新,都是为了保证武汉长江大桥的设计有足够的安全储备。

那么,安全系数到底有多高呢?

根据武汉铁路局专家的介绍,当年武汉长江大桥以极端环境为标准进行设计,但就是这样的标准,武汉长江大桥仍需要有足够的承受能力。

到底是什么样的极端环境呢?

▲武汉长江大桥

珍藏中国 中国的江河

大家可以想象一下：假设两列双机牵引火车以最快速度同向开到桥中央，同步紧急刹车；同一时刻，公路桥上的汽车以最快速度行驶，也来个紧急刹车；这还不算，在同一时间，如果长江刮起最大风暴、武汉发生地震、江中 300 吨力撞到桥墩上，在以上极端例子同时发生时，武汉长江大桥还是不会有丝毫危险，够厉害了吧！

半个世纪过去了，武汉长江大桥用事实证明了自己的坚固。

自建成通车以来，武汉长江大桥每天的汽车通行量已由建成初期的数千辆上升到近 10 万辆；每天的列车通过量已增加到 296 列。现在，大桥上平均每分钟就有 60 多辆汽车驶过，每 6 分钟就有一列火车通过，荷载量早已大大超过了建成之初。

这座大桥曾历经多次罕见洪水和大风。但是，任凭风吹雨打，武汉长江大桥始终安然无恙，巍然挺立于滔滔江水之上。

武汉长江大桥还历经过 76 次撞击，最重的一次是 1990 年 7 月，一艘重达 900 吨的吊船正面撞上大桥，为此养护人员维护了一个月。但即使是这次撞击，大桥也没有伤筋动骨。经多次检测表明：全桥目前无变位下沉，桥墩可承受 6 万吨压力，可抵御每秒 10 万立方米流量、5 米流速的洪水，可抗 8 级以下地震和强力冲撞。

武汉长江大桥的作用其实已经大大超过了桥梁本身的意义。在它建成之后，武汉三镇连为一体，极大地促进了武汉的发展；从全国的宏观角度看，大桥更是连接京广铁路的关键点，使得长江南北的铁路运输通畅起来。

万里长江第一桥的作用和气势，还是毛主席的诗词"一桥飞架南北，天堑变通途"形容得最精炼。

知识链接

武汉长江大桥的建成极大地改善了南北交通，提升了中国桥梁的建设水平。同时，这也对全国人民正满怀豪情地通过自力更生、艰苦奋斗来建设新中国是一个很大的鼓舞。武汉长江大桥的图案入选 1962 年 4 月开始发行的第三套人民币，以此作为反映当时社会主义建设新成就的一个重要标志。

三 中国第一长河——长江

丽江古城

光滑洁净的青石板路，完全手工建造的土木结构的房屋，无处不在的小桥流水，一脸淡然在街边晒太阳的老人……如果你的眼前是这样的景色，那你一定是到了丽江古城。

丽江古城是丽江纳西族自治县的中心城市，与四川阆中、山西平遥、安徽歙县并称为"保存最为完好的四大古城"。1997年12月，丽江古城申报世界文化遗产获得成功，填补了我国在世界文化遗产中无历史文化名城的空白。

大家知道丽江古城跟其他三座古城有什么差别吗？

丽江古城是中国历史文化名城中唯一没有城墙的古城。据说这是因为以前丽江世袭的统治者姓木，如果在城市外围加筑围墙就像是给"木"字加了一个框，那不就变成了"困"字！所以，丽江古城一直没有城墙。

山川流水环抱中的丽江县城，从明朝开始就叫做"大研镇"。因为它在丽江坝中心，四面青山环绕，一片碧野之间绿水萦回，就像一块碧玉做的大砚，所以有这个名字。丽江古城的纳西名称叫"巩本知"，"巩本"是仓廪的意思，"知"就是集市，从名字也大致可以猜到，丽江古城曾是仓廪集散之地。

探寻它的过去，人们发现这片曾被遗忘的"古纳西王国"，在远古时代就已有人类生息繁衍。今日的主人纳西民族，是古代南迁羌人的后裔。

▲丽江古城水车

在千百年的悠长岁月里，他们辛勤劳作，筑起自己美好的家园。这里地处滇、川、藏交通要道，古时候频繁的商旅活动促使当地人丁兴旺，使得这里很快成为远近闻名的集市和重镇。

一般认为丽江建城是在宋末元初，丽江木氏祖先将他的统治中心从白沙移到狮子山麓，并开始营造房屋和城池，当时叫"大叶场"。后来木氏归附了元世祖忽必烈，在1253年忽必烈南征大理国时，还在这里驻军。

▲丽江古城

由此开始，直至清初的近五百年，丽江地区都是由中央王朝管辖下的纳西族木氏先祖进行世袭统治。

位于古城中心的四方街是丽江古城的中心，位于古城与新城交界处的大水车是丽江古城的标志，古城大水车旁有一块大屏幕，每日播放的歌曲即是古城最受欢迎、最有特色的歌曲，其中《纳西净地》是较为出名的歌曲之一。

丽江的建筑物依山傍水，这种错落有致的设计艺术在中国现存古城中是极为罕见的，用今天的话说就是城市规划做得一流。如果大家在丽江古镇住几天，转一转，也一定会深深地认同。

丽江选址很有远见，北面靠着香山、景虹山，西边靠着狮子山，如同屏障一般，东南两面则非常开阔。从象山山麓流出的玉泉水叮叮当当一路欢腾，从古城的西北一直流到玉龙桥下，在这里分成了西河、中河、东河三条支流，再分成无数股支流流淌于古城内的各个街巷。

当年的规划者也考虑了有利的自然条件，并没有拘泥于工整的布局，没有刻意修建规矩的道路网，没有筑造森严的城墙，只是让道路随着水渠的曲直而延伸，让房屋就着地势的高低而组合，就像让植物自由生长一般。

▲丽江的小河和民居

现在的丽江，主街傍河，小巷临渠，家家流水。走在古老的街道上，即使你没有看见屋子前架的桥，没有看见河畔边拂水的垂柳，即使你闭上眼睛，你还是能感觉到城里的流水——听，无数细流，穿墙绕户，叮叮咚咚作响，似乎正要告诉你什么古老的故事。

这里的人们创造了自己独一无二的用水方法——"一潭一井三塘水"。

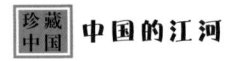

这是什么方法呢?

这种方法与丽江古城的水流情况密切相关。早年间,城内依靠地下涌泉修建了白马龙潭和多处古井,现在仍然保存得很好。正是因为有白马龙潭和古井,才有了"一潭一井三塘水",意思就是头塘饮水、二塘洗菜、三塘洗衣。这种用水方法是在不同的位置发挥水的不同使用价值,又卫生,又科学,而且节约水资源。

丽江的城市清洁方式也是独一无二的——河水洗街。

为什么丽江可以用天然的河水来清洗街道呢?

这取决于丽江古城两个特殊的先天条件。首先,丽江古城的两侧刚好有两条河,西边叫西河,东边叫中河;其次,丽江古城的西侧略高,街道是有点倾斜的。因此,只要居民把西河上的活动闸门放下,河水一拥堵,西河的水就会漫出来,沿着倾斜的石板路面往东流,自然而然就将灰尘等污垢冲走了。这样洗街不需要耗费电力,也不需要很多人力,街道上的水最后流入中河,自然循环、更新,这种清洁方式完全是绿色环保的。

劳动人民的智慧真是值得称赞!

丽江这样多水,道路却不会泥泞,这是为什么呢?

因为丽江的街道铺的大多是红色角砾岩,雨季不会泥泞,旱季也不会飞灰。如果你愿意停下来低头仔细看看脚下,你会发现石头上还有自然雅致的天然花纹,与整个古城环境相得益彰。

在丽江,除了水,当地的建筑一定也会深深地吸引你。

这里的屋子都是依据地势和水流建造的,错落起伏,随意而别致,比大城市里千篇一律的高楼大厦不知美多少倍!屋子的建筑材料主要是木石和泥土,并融入汉、白、藏民居的传统,美观又实用。

大家在丽江见得最多的大概是"三坊一照壁"式民宅,也就是主房、厢房和壁围成的三合院。三合院一般有三间两层,并且房屋多在两面山墙伸出的檐下装饰一块鱼形或叶状木片,叫做"悬鱼",用谐音来祈求"吉庆有余"。正面堂屋往往有六扇格子门窗,窗心会非常细致地雕上花卉或者吉祥鸟兽的图案。

一般来说,在三合院里,朝南的正房供长辈居住,东西厢房让晚辈居住，院子则是大家休息和玩耍的地方，一般会用卵石、瓦片、花砖铺地面，是一处非常温馨惬意的活动空间。相信这样细心装饰的屋子，住的一定是热爱生活的人。

丽江纳西人历来重视教育和文学，许多人都很擅长诗琴书画。在古城多姿多彩的节庆活动中，除了通宵达旦的民族歌舞和乡土戏曲，业余演奏的"纳西古乐"最为著名。丽江纳西古乐曾应邀赴欧洲多国演出，受到观众的热烈欢迎和赞誉。由于乐队成员多是来自民间年逾古稀的老人，因此又有"纳西寿星乐团"的美誉。

如果大家有机会到丽江，一定要听一听这里的歌曲。其中，《白沙细乐》是集歌、舞、乐为一体的大型古典音乐套曲，被誉为"活的音乐化石"；另一部丽江《洞经音乐》则源自古老的道教音乐，其中保留着许多早已失传的中原辞曲音韵。

丽江的壁画也是举世闻名的，它们是滇西北少数民族艺术的奇葩。这些壁画分布在古城和周围的15座寺庙内，具有多种宗教和各教派内容融合并存的突出特点。如遗存于丽江白沙村大宝积宫的大型壁画《无量寿如来会》，这幅壁画将汉传佛教、藏传佛教和道教的百尊神佛像绘在一起，反映了纳西族宗教文化兼容并包的特点。丽江一带现在还流传着世界上唯一活着的图画象形文字——东巴文。

▲纳西族东巴文对联

这种纳西族先民用来记录东巴教经文的独特文字，如今分别收藏在中国以及欧美一些国家图书馆、博物馆中，20000多卷东巴经古籍记录着纳西族千百年辉煌的历史文化。其中，称作《磋模》的东巴舞谱，是极为罕见的珍贵文献。而被誉为古代纳西族"百科全书"的东巴经，则对研究纳西族的历史、文化具有重要价值。

看到这些介绍，大家也可以理解为什么会有那么多的旅行者向往丽江，会有那么多去过的人思念丽江古城。

丽江是一个历史悠久、韵味古朴的城市，像一个不问世事的归隐者，又是一个兼容并包的城市，像一位胸襟宽广的智者。丽江的城市布局既具有山城风貌，又兼备水乡韵味；丽江的文化既融和了汉、白、彝、藏各民族精华，又有纳西族的独特风采，是中国建筑史上不可多得的重要文化遗产，也是研究人类文化发展的重要史料。

知识链接

丽江古城是一个天然的民俗文化博物馆，在其中漫步，你总会有欣喜的发现。

一是镏金烫字匾额耐人寻味。在新义街漫步，一些老字号店铺门头挂匾悬字已成风俗，匾额通常是东巴文、汉文及英文三种文字并书，同一匾额，你可领略不同的书写风格。在中河对岸你可看到一家餐馆的匾额为"纳禧雅阁"，汉字意为集纳祥和雅致之阁，而纳西语中"雅阁"为我们的家，"纳禧雅阁"即纳西之家。在密士巷你会看到匾额为"花花神"的餐馆，"花花神"从汉字上看有花色品种多的感觉，而在纳西语中是幸福、愉悦的意思，这样"花花神"就巧妙地体现出热诚、周到接待远方来客的宗旨。进此餐馆，主人准会为你讲述一段故事，带给你欢笑。

二是民居门联独具观赏性。首先是书写形式别具一格，一排汉字，一排东巴文，前者表意，后者见形，请主人讲解，你会发现东巴文字像一个个美丽的神话。其次是风格各异的门联书写。古城人是天生的书法家，每副门联都是自家人的手笔，深入街巷，一副副对联向你打开的是民俗化的书法艺术世界，纳西人嗜文善墨的传统和深厚的汉文化功底由此可见一斑。最后，门联内容丰富，包括迎春、喜庆、婚嫁、服丧等内容，在这其中你可以观摩学习最真实、最自然的民俗文艺。

大足石刻

"石刻之乡"在哪里?

见过大足石刻的人一定会说,在中国西南部重庆市的大足县。

大足石刻规模宏大,刻艺精湛,内容丰富,在我国古代石窟艺术史上占有举足轻重的地位,是一座独具特色的世界文化遗产的宝库。

大足,是先有石刻,然后才有县城的。

大足石刻最初开凿于初唐永徽年间,确切说是 649 年。到了唐乾元元年(758 年),才有了大足县。大足石刻经历了晚唐、五代,最盛的是两宋,明清的时候又增加了一些,最终形成了一处规模庞大且集中国石刻艺术精华之大成的石刻群,堪称中国晚期石窟艺术的代表,与云岗石窟、龙门石窟和莫高窟相齐名。

大足石刻中被公布为文物保护单位的摩崖造像多达 75 处,雕像就更多了,有 5 万余尊,铭文 10 万余字。其中,北山、宝顶山、南山、石篆山、石门山摩崖造像为全国重点文物保护单位,规模之大,造诣之精,内容之丰富,都堪称是伟大的艺术杰作。

海拔 500 多米的宝顶山四周 2500 米的山岩上遍刻佛像,是世界上罕见的经总体构思后开凿而成的大型石窟密宗道场。

大家知道花了多长时间吗?从南宋淳熙至淳佑年间,一共 70 多年呢。

大家知道有多少佛像吗?近万尊。

这其中不知道积聚了多少能工巧匠的心血,不知道耗尽了多少石刻艺术者的光阴。

据说大足宝顶山的石刻创始者名叫赵智凤,他在 5 岁的时候落发为僧,16 岁外出云游 3 年,回到老家后帮人建造了圣寿寺,并且发宏愿要修建石刻雕像以宣扬佛法。他用一生的光阴精心设计,巧妙安排,在宝顶大佛湾完成了上万个佛像,建成中国石窟艺术史上最后一座大型石窟群。

宝顶山的石刻包括以圣寿寺为中心的大佛湾、小佛湾造像。以大佛湾为主体,小佛湾次之,分布在东、南、北三面,具有规模宏大、教义完备的特点。

大佛湾是圣寿寺左下方一个形似"U"字形的山湾,艺术价值最高,保存最完好。在那里大家可以看到有 1007 只手的千手千眼观音像,就像孔雀开屏一样展现在 88 平方米的崖壁上,金光闪耀,宏伟壮观。

整个崖面长约 500 米,高约 8 米~25 米,这里的雕刻不仅图文并茂,而且具有连续性,大家观赏起来就像看长卷连环画一样。如果大家记忆力很好,在看完 500 米的崖面后会惊讶地发现,所有的造像没有任何一尊是重复的!

整体上说,大佛湾的石刻造像生活气息浓郁,佛教造像更加世俗化、民族化,深刻反映了儒家的伦理思想,是我国石窟艺术中表现"孝道"的典型作品。

与宝顶山雄伟壮观的石刻造像相比,北山摩岩造像的近万尊诸佛、菩萨造像则以"精美典雅"著称于世,被誉为 9 世纪末至 13 世纪中叶间的"石窟艺术陈列馆"。北山 136 号转轮经藏窟是北山石刻的代表,也是宋代石刻之精华,此窟构思巧妙,雕刻精细,神像具有人类的气质,神采各异,被誉为"东方美神荟萃图"。

大足石刻以其浓厚的世俗信仰和纯朴的生活气息在石窟艺术中独树一帜,把石窟艺术生活化推到了空前的境地。在内容取舍和表现手法方面,都力求与世俗生活及审美情趣紧密结合。其人物形象文静温和、衣饰华丽;形体上力求美而不妖、丽而不娇。造像中,无论是佛、菩萨,还是罗汉、金刚,以及各种侍者像,都颇似现实中各类人物的真实写照。

特别是宝顶山摩崖造像所反映的社会生活情景之广泛,就像 12 世纪至 13 世纪中叶间宋代的一座民间风俗画廊。无论是王公大臣,或者官绅士庶,还是渔樵耕读,你在这里都可以找到,而且各类人物都栩栩如生,呼之欲出。大足石刻中的"五山"摩崖造像可以说是一幅生动的历史生活画卷,它从各个侧面浓缩地反映了 9 世纪到 13 世纪间的社会生活,包括了晚唐、五代和两宋时期,使源于印度的石窟艺术经过长期的发展至此完成了中国化的进程。

大足石刻以其规模宏大、雕刻精美、题材多样、内涵丰富、保存完整而著称于世。它集中国佛教、道教、儒家"三教"的造像艺术精华于一身,以鲜明的民族化和生活化为特色,成为中国石窟艺术中一颗璀璨的明珠。许多欧洲人,尤其是法国人,对大足石刻非常欣赏。

白鹤梁

白鹤梁位于重庆涪陵区,是一块长约 1600 米、宽 16 米的天然巨型石梁。它的样子既像神游长江的巨龙,又似卧伏长江的巨鳄。

白鹤梁有一个很特别的脾气,你在平时是见不到它的,为什么呢?

因为大部分时间,这块巨石都会被江水淹没,只有到了冬春交替的季节,长江进入枯水期,这位"高人"才愿意现出真容。所以,如果大家想看白鹤梁,是需要一点缘分的。

为什么一块偶尔才露面的石头会这么有名呢?因为联合国教科文组织把白鹤梁称为"保存完好的世界唯一的古代水文站"。

古人认为,如果冬天长江的水位回落到一定位置,那么第二年一定是个风调雨顺的丰收年,古人称为"石鱼出水兆丰年",于是人们就用"刻石鱼"的方法记录长江枯水水位。这种做法从唐朝延续至近代,每当石鱼露出,就成为一件盛事,因为大家相信这预示着第二年的丰收。于是,高兴的人们在长江上聚会,在白鹤梁上刻石记载,文人墨客也赋诗填词。

从唐代开始,人们在白鹤梁上凿刻了 19 尾石鱼,但因为年代久远而模糊不清。到了清代,涪州知州萧星命石工临摹旧迹在石上重刻二鲤,并凿刻了题记:"枯水季节,若石鱼出水面,则兆年丰千年如许"。

如果说,过去人们重视白鹤梁是因为相信它可以预示丰收,那今天我们为什么还这么关注这条石鱼呢?

▲白鹤梁题刻

因为白鹤梁有着重要的科研和史料价值。也许外行人看见的只是一块若隐若现的石头，但内行人却能发现很多奥秘。

科学家研究发现，唐代石鱼鱼眼所处的位置，确切海拔为137.91米，和近代涪陵长江水尺零点高程十分接近。另外，石鱼的周围记着自763年以来，1200年间的70多个最低枯水年份线。据长江干流多年实测的水文记录表明，长江最枯水位出现周期约为10年，与石鱼的记录刚好吻合。这些都是世界水文史上的奇迹。

白鹤梁是我国古代劳动人民智慧的体现，它的水文记录比英国在武汉江汉馆设计的水尺标点早1100年，对于研究长江中上游的枯水规律、航运以及生产设置等都有重大的史料价值。

▼白鹤梁上的石鱼

关注白鹤梁，除了科学家，还有很多历史学家和艺术家。因为这尾石鱼不仅是长江枯水位的历史记录，而且它还拥有独特的艺术价值，历来为世人所重视。

大家可能不知道，白鹤梁题刻是我国乃至世界上目前所发现的时间最早、延续时间最长、数量最多的枯水水文题刻，比埃及尼罗河中类似的水文石刻题记还要多、还要久！

白鹤梁上还有黄庭坚、朱熹、庞公孙、朱昂、王士祯等历代众多名人墨客留下的诗文题刻，从唐代763年到1963年涪陵文化馆最后题刻落笔，不多不少刚好1200年。这些题刻包括了篆、隶、行、草等多种书法，有很高的艺术价值。其中，和水文科学有关的题刻有108件，所以白鹤梁又有"世界水下碑林"的美誉。

看了这么多白鹤梁的介绍，大家是不是在为无法近距离接触它而叹息呢？

在过去，一般的游人想看见白鹤梁已经不容易，更何况是走到面前去欣赏书法艺术。不过，现在大家已经可以实现这一愿望。这还得归功于2009年5月18日开始正式对外开放的白鹤梁水下博物馆。

当年在修建三峡工程时，大家发现这会把经历了千年风雨的白鹤梁淹没在水下30米处。如果放任不管，大家就只能和白鹤梁永远说再见了。于是，专家组立即商讨保护白鹤梁的方法和措施。一种方案是把白鹤梁题刻以一定比例复制并陈列出来，或者是对白鹤梁进行原地保护淤埋，异地仿真陈展。但文物工作者不甘心仅仅是这样保护白鹤梁，在专家评审会上，葛修润院士提出了形似蛋壳的"无压容器"的设想。这个方案很快得到了与会专家的认可，2002年10月，有关方案在北京通过了专家评审。2003年1月，国家文物局正式批复统一工程设计方案。

白鹤梁水下保护工程由"水下博物馆""连接交通廊道""水中防撞墩"和"岸上陈列馆"四部分组成。大家可以在长江防护大堤上建造的陈列馆内，根据自己的需要来操作摄像头，通过电脑屏幕，从不同角度近距离观赏白鹤梁。

如果觉得这样还不够接近，大家可以进入水下博物馆。水下博物馆就是在白鹤梁原址上修建的一个保护壳体。大家可下到带参观窗的水下通道，透过玻璃舷窗欣赏白鹤梁题刻。保护体内还安装了6排、150组灯源，每组灯源由9个小灯组成，而每个小灯里又藏着8个聚光和散光灯，将这里照得像一个璀璨的水晶宫。如果有人觉得在玻璃前观看还不够清晰，那么在学习相关技能之后，还可以通过潜水的方式来近距离参观白鹤梁。

珍藏中国 中国的江河

丰都鬼城

如果大家曾经看过《西游记》《聊斋志异》，很可能会记得里面颇富传奇色彩的"鬼城"。现实生活中的确有这样一座城，它叫丰都。

丰都在哪儿呢？就在四川盆地的东南边缘。传说丰都是人死后灵魂归宿的地方，是阴曹地府所在地，也是中国最有特色的历史文化小镇。

到了丰都鬼城，人们一定会给你介绍两个人，是谁呢？一个叫阴长生，一个叫王方平。从汉代起，他们曾先后在丰都县城的平都山修道成仙，于是道家就把这里列为道都的"洞天福地"之一。到了唐代，有人误将"阴"和"王"两人的姓连在一起，就变成了"阴王"，再讹传为"阴间之王"，于是丰都就成了"阴曹地府"，并随之陆续建起了许多与"阴曹地府"相关的寺庙殿宇。

▲鬼国神宫大门

其实丰都本来有自己的名字——平都山，它来源于苏轼的诗"平都天下古名山"。那么，丰都鬼城究竟由何而来？

这还得从一个民间传说说起，那是阴天子在丰都登基的故事。传说从前有位帝王得天下之后，一心要找一块有"九龙拜圣"的宝地来建造一座人杰地灵的皇城。有一位姓王的大臣自告奋勇去寻找宝地，有一天他来到了丰都。站在此地四处观望，发现平都山林木苍郁，气象不凡，似有一片仙气浮动。于是领风水先生上了平都山山顶，风水先生四下观望，见四周山形就像一条条蛟龙，或静或卧，栩栩如生，活灵活现。他数了数，一共有八条龙，便告诉了王大臣。王大臣知道后欣喜若狂，令风水先生再仔细查找，谁知找来找去，再也没有找出一条龙来。后来，王大臣只能是十分惋惜地离山而去。回到京城后，王大臣恍然大悟：丰都四周有八条龙，再加上皇上这一条真龙，岂不正应了九龙之数吗？于是他立即把这件事报告给皇上，皇上大喜，命他带领能工巧匠，日夜兼程赶到丰都去建造皇城。

谁知当王大臣赶到丰都时，平都山已被阴天子定为幽都，山上也今非昔比，突然间建造了不少庙宇，肃穆庄严，阴森恐怖。王大臣见此情景，虽然满腔怒火，但也无可奈何。他深怪自己无才，误了皇上的大事。于是长叹一声，一头撞死在天子殿的南墙上。阴天子见王大臣以身殉职，感慨万千，便立即传旨在丰都名山的天子殿旁为他修了一座小庙。

从此以后，天下就有了阴阳之说，也有了阴天子与阳天子之分。阴天子在丰都登基之后，丰都名山就成了鬼国京城，幽都胜地，鬼城自此名扬天下。

大家听过奈河桥吧？那是人死后到阴间报到的必经之路。如果人活着的时候品行端正、行善积德，那么就有神灵保佑其平安过桥；如果人活着的时候品行恶劣、行恶积怨，那么亡魂就会被打入桥下的血河，被池中的铜蛇铁狗狂咬。

大家知不知道在丰都鬼城中也有一座奈河桥呢？

那是一个蕴含中国传统文化意味的地方，始建于明朝永乐年间，是一座沟通历史与现实，连接阴曹和阳界，审视善良与罪恶的"试金桥"。传说明末年间，丰都城有个赵财主，为富不仁，搜刮民脂民膏，人称"赵十万"。有一次，他上山烧香，在过奈河桥时跌入血河池，最后被活活淹死。

每年香会时，香客都争着把纸钱或铜板丢到池内，并把炒米撒入池中，

▲奈河桥

他们以为这样可以施舍饿鬼。而且还有许多老年香客喜欢从这儿走过,以为走过此桥,死后就可以免去过奈河桥之苦。

世上本无鬼神,在科学技术发展的今天,人们更不会被鬼神所迷惑。奈河桥是历史的见证,是人们良好心愿的象征,旨在教化人们多做好事,行善积德,造福人类。这正是"行善自有神佛佑,作恶难过奈河桥。为人不作亏心事,走过奈河桥不惊"。

知识链接

丰都有许多特产,如鬼城榨菜、仙家豆腐乳、鬼城麻辣鸡、三元红心柚。关于豆腐乳,在鬼城丰都有一个美丽神奇的传说。相传很久以前,丰都名山的桃花村住着一个王姓农民,他的豆腐做得特别好,雪白细嫩,醇厚绵甜,在丰都城里销路极好,被称为"王豆腐"。有一天因他有事,儿子王晓就上街去卖豆腐。王晓在路上遇到两个乞丐,看他们可怜,就把豆腐都给他们了。谁知这两个乞丐是神仙,他们觉得王晓人品很好,就给他家的豆腐施了仙法,从此以后,王家豆腐更畅销了,人称"仙家豆腐"。

三 中国第一长河——长江

诗城——白帝城

"朝辞白帝彩云间,千里江陵一日还。两岸猿声啼不住,轻舟已过万重山。"你知道这首诗吗?

这是唐代大诗人李白写的《早发白帝》。现在我们就来讲讲白帝城的故事。

白帝城的名字是怎么来的呢?

这还要追溯到西汉末年。当时王莽篡位,他的手下大将公孙述割据四川。公孙述野心勃勃,随着势力的增强,便起了当皇帝的念头。有一天,他骑马来到瞿塘峡口,见有一片地方地势险要、易守难攻,便想在这里修建城堡。城堡修好以后,却发生了一件奇怪的事:城堡中心的白鹤井常常冒出一股白色的雾气,形状宛如一条龙,直冲九霄。公孙述听说这件事后,亲自前去观看,看到"白龙出井",便认为这是日后登基成龙的征兆。

25年,公孙述自称白帝,并把所建城池取名"白帝城"。白帝城的名字由此得来。

37年,东汉汉光帝刘秀发兵攻蜀,公孙述打不过刘秀,在战斗中死去,

▲远眺白帝城

▲ 刘备托孤

白帝城也因此在战火中化为灰烬。在公孙述当皇帝时，各地战乱频繁，唯独白帝城一带比较安宁，算起来也有28年的时间。而且他还带领军士在草堂河流域一带的荒山峡野开垦良田、兴修水利、改良稻种。于是当地老百姓为了纪念公孙述，特地在白帝城兴建"白帝庙"，塑像供祀。

白帝庙为什么这么有名呢？因为它与三国英豪有联系。

222年，刘备在夷陵之战中被东吴打败，一退再退，一直退到了白帝城。刘备无颜面见群臣，便命人在白帝城修建了一座永安宫，他每天都待在永安宫里不愿出门，不久就郁闷而死。刘备临死之前，把政权和儿子刘禅托付给丞相诸葛亮，历史上叫"刘备托孤"。

因为刘备的名声很大，唐代时白帝庙又增建了祭祀刘备的先主庙和祭祀诸葛亮的诸葛祠。到明代，公孙述的塑像就慢慢被抛弃了，庙里开始陈设刘备、诸葛亮、关羽和张飞的贴金塑像。民间写诗说："白帝城内无白帝，白帝庙祭刘先帝。"

现在如果你去白帝城，在白帝庙里还有刘备托孤的彩色塑像，这些塑像再现了当时刘备托孤的情景。

2006年10月5日18时8分，受长江三峡蓄水工程的影响，白帝城作为江边半岛的历史随之结束，开始成为长江中的孤岛。

白帝城作为长江三峡的起点，像一颗镶嵌在三峡西口的明珠，如一朵盛开的莲花，将更加光彩夺目！

知识链接

白帝城是观"夔门天下雄"的最佳地点。历代著名诗人李白、杜甫、白居易、刘禹锡、苏轼、黄庭坚、范成大、陆游等都曾登白帝，游夔门，并留下大量诗篇。故白帝城又有"诗城"之美誉。

三　中国第一长河——长江

景德镇

　　大家都知道江西省有个景德镇，景德镇盛产陶瓷，并因此而闻名于世。它是四大名镇中唯一不靠水运起家的城镇，英国的剑桥大学教授李约瑟博士称景德镇为"世界上最早的一座工业城市"。

　　或许大家不知道，就连景德镇这个名字都是于陶瓷而来的。

　　景德镇在东晋时叫做新平镇，唐武德时因为在昌江之南，所以又叫昌南镇。一直到了宋真宗景德元年，因为镇上产的青白瓷质地优良，深得民众和皇家的喜爱，于是得到一个殊荣——以皇帝年号为名置景德镇，这个名字一直沿用到今天。

　　景德镇烧制陶器的历史有多久呢？从汉朝开始，到现在1800多年了。这1000多年来，景德镇窑火不断，"瓷都"这个名字几乎成了景德镇的代称。中国向来号称瓷器之国，而中国瓷器的最高峰非景德镇莫属。景

▲景德镇瓷器

珍藏中国 中国的江河

德镇集历代名窑之大成，汇各地技艺之精华，青花、玲珑、粉彩、色釉，形成了独树一帜的手工制瓷工艺生产体系，创造了中国陶瓷史上最辉煌灿烂的一段历史。其成就之高、影响之大、技艺之精湛、品种之齐全，是任何时代、任何其他窑场都难以企及的。

见过景德镇瓷器的人都说，它白得像美玉，明亮如镜子，纤薄得就像纸一样，声音却如磬一般动听。这些优点集于一身，难怪深受世界各国人民的喜爱。

明代有一个著名的历史人物对景德镇陶瓷的生产起了很大的促进作用，他是谁呢？

这个人就是明朝永乐年间的郑和。郑和七次

▲景德镇清代瓷器

下西洋，每次都携带大量的瓷器，特别是景德镇瓷器，这大大地提高了中国陶瓷的声誉，促进了中国陶瓷远销海外，也极大地推动了景德镇的陶瓷国际贸易。

从东非到欧洲，从东南亚到阿拉伯，世界各地的人们似乎都迷上了陶瓷，尤其是景德镇的瓷器。

当时不仅有海外商船相继到泉州，而且国内的不少大商人，如李锦、潘秀、郭震等，也大量装载瓷器等物出海销售，以满足海外需求。如巨商郑龙芝兄弟，他们拥有商船百艘，海员千余人，经常到景德镇采购青花瓷、茶叶，去浙江采购绸缎，然后再派遣海船将其运到东南亚、阿拉伯、东非各地进行销售。

在中华人民共和国建立后，景德镇瓷器继续延续它的传奇，走出国门，走向世界，成为各国收藏的精品。

1951年，景德镇制作的"水浒故事瓷盘"作为国礼赠送给前苏联领袖斯大林，后来这套瓷器被俄罗斯国家博物馆珍藏。1972年，美国总统尼克松访华的时候，当时的中国国务院总理周恩来送给尼克松的就是景德镇的青花餐具。

如果你到景德镇去，不少当地人都会很自豪地跟你说起这些事情，因为他们都把这作为荣耀，在介绍景德镇陶瓷历史和文化时大加引用。

如果你还想更详细地了解景德镇的瓷器，你可以去景德镇陶瓷馆转转。

景德镇陶瓷馆是中国第一家陶瓷专题艺术博物馆，是景德镇陶瓷文化的一个重要展示区。那里有五代的青瓷、白瓷；宋代的青白瓷；元代的青花瓷、卵白瓷、釉里红；明代的青花瓷、五彩瓷、斗彩、各类颜色的釉瓷；清代的数十类精品陶瓷以及景德镇市各陶瓷工厂、陶瓷研究所和陶瓷名家的作品，因此这是瓷器爱好者不可错过的一次盛宴。

> **知识链接**
>
> 中国的英文名称"CHINA"的小写就是"瓷器"的意思，"CHINA"的英文发音源自景德镇的历史名称"昌南"，并以此突出景德镇瓷器在世界上的影响和地位。

岳阳楼

在八百里洞庭湖的湖光山色边上，屹立着一座江南名楼，它便是岳阳楼。自古就有"洞庭天下水，岳阳天下楼"的美誉，就是说天下的水最好、最有气魄的是在洞庭湖，而天下的楼最好、最雄伟的就是洞庭湖边的岳阳楼。北宋范仲淹脍炙人口的《岳阳楼记》更使岳阳楼著称于世。

岳阳楼与江西南昌的滕王阁、湖北武汉的黄鹤楼并称为江南三大名楼，但岳阳楼比起其他两座名楼还有一个出众之处，是什么呢？

岳阳楼是江南三大名楼中唯一一座保持原貌的古建筑，这样大家也就不难理解为什么它的建筑艺术价值无与伦比。

岳阳楼的建筑构制独特，主楼3层，楼高15米，以4根楠木大柱承负全楼重量，被称为通天柱。再用12根圆木柱子支撑2楼，外加12根梓木檐柱顶起飞檐，彼此牵制，结为整体，全楼梁、柱、檩、椽全靠榫头衔接，相互咬合，稳如磐石。

岳阳楼建筑的另一大特点是它形如将军头盔的楼顶。岳阳楼的楼顶是层叠相衬的"如意斗拱"托举而成的盔顶式，这种拱而复翘的顶式结构在我国古代建筑史上也是独一无二的。也就是说，大家只有去岳阳楼才能一览风采。

如此雄伟的楼阁，仅靠木制构件彼此勾连，既要承接无数游人的重量，又要经受岁月的剥蚀，但却昂然耸立了上千年，实在让人叹为观止。站在湖边远远望去，岳阳楼就像一只凌空欲飞的大鹏，雄伟的气势迎面扑来。

关于岳阳楼还有这样一个传说。唐开元四年，张说被贬到岳州后，决定张榜招聘名工巧匠来修建"天下名楼"。有一位从潭州来的青年木工李鲁班，擅长土木设计，被张说相中。张说限李木匠在一个月内设计出一座三层、四角、五梯、六门、飞檐、斗拱的楼阁图纸。谁知李鲁班摆弄了一个月的时间，设计出来的图纸只是一座过路小亭。张说很不满意，再限七天时间，一定要李鲁班拿出与洞庭湖水相得益彰的有气派的楼阁图纸。

正当李鲁班一筹莫展时，一位白发老人走了过来，问清缘由，便把背的包袱打开，指着编有号码的木块说："这些小玩意儿，你若喜欢，不妨拿去摆弄摆弄，或许会摆出一些名堂来。若是还差点什么，就到连升客栈来找我。"

三 中国第一长河——长江

▲岳阳楼

李鲁班接过来,摆了又撤,撤了又摆,最后终于搭起一座十分雄壮的楼阁模型。大家十分高兴,都说是祖师爷显灵,于是向白发长者道谢。老人说自己是鲁班的徒弟,姓卢。后来,老者在湖边留下了写有"鲁班尺"三字的木尺,一阵风后就不见了。于是,人们纷纷跪下,向老者逝去的方向叩头不止。 不久,一座新楼拔地而起,高耸湖岸,气象万千,它便是岳阳楼。

听完传说,再来看看历史记载中的岳阳楼是怎么建成的吧。

东汉末年,孙权的手下大将鲁肃奉命镇守巴丘,操练水军,他在洞庭湖接长江的险要地段建筑了巴丘古城。不久,鲁肃又在巴陵山上修筑了阅军楼,用来训练和指挥水师。阅军楼临岸而立,登临可观望洞庭全景,湖中一帆一波皆可尽收眼底,气势非同凡响,这座阅军楼就是岳阳楼的前身。

此后,岳阳楼在1700余年的历史中屡毁屡修,可谓历尽了风雨沧桑。单是有史可查的修葺就有30多次,能屹立到今天,实属不易。

也许是因为岳阳楼代表了一个民族的精神,体现了"先天下之忧而忧,后天下之乐而乐"的精神,所以哪个朝代都不想让它毁在自己手里。

杜甫在 768 年从四川动身，本来是想回河南老家，或者到长安去。可是当时安史之乱虽平，但国家动荡依旧。好多地方还在打仗，交通阻塞，使得杜甫有家难奔，有国难投。杜甫年纪大了，耳朵也听不清楚了，胳膊不好使了，而且肺病相当严重，连平躺着都喘不动气，要把枕头垫得很高才行。就是在这种情况下，杜甫抱病登上岳阳楼，写下了著名的五言律诗《登岳阳楼》。

昔闻洞庭水，今上岳阳楼。

吴楚东南坼，乾坤日夜浮。

亲朋无一字，老病有孤舟。

戎马关山北，凭轩涕泗流。

范仲淹的《岳阳楼记》问世已经快 1000 年了，如今我们仍在谈论这篇文章，可见这篇文章的影响有多么深远。一千年前的范仲淹出身贫苦，发奋读书，终于踏上仕途。由于对国家的弊病看得越来越清楚，范仲淹与一批有志之士采取了改革措施。但新政不久就失败了，之后范仲淹被贬，也就是在这时候他满怀激情地写下了《岳阳楼记》，其中的"先天下之忧而忧，后天下之乐而乐"既是范仲淹人生理想的追求，也是积极进行改革的政治精神的总结。

岳阳楼积极向上的精神意义，铭刻在每一代人的心中。

1044 年，滕子京被贬至岳州，当时的岳阳楼已坍塌，滕子京在广大民众的支持下重建了岳阳楼。滕子京重修的岳阳楼，在明代 1639 年毁于战火，第二年被重修。清代也多次进行修缮。

新中国成立后，党和政府对岳阳楼极为珍视，人民政府多次拨款对岳阳楼进行了维修，还修建了怀甫亭、碑廊，重建了三醉亭和仙梅亭等古迹。重修后的岳阳楼保持了原有的规模和结构，保留了原有的建筑艺术和历史风貌。厅中的四根楠木大柱为旧楼原物。宋代的四个大石墩仍然蹲立在大柱下。楼堂正面悬挂着清著名书法家张照书写的《岳阳楼记》，由 12 块紫檀木组成。

千百年来，无数文人墨客在此登览胜境，凭栏抒怀，有的记录成了文章，有的咏叹为诗，有的落在纸上变成了画。大家如果到这里来游览，也一定会感受到历史的沉淀，有一番自己的思考。

张飞庙

张飞，三国蜀汉的大将，刘备和关羽的结拜兄弟。说到张飞，大家眼前会很自然地浮现出一个彪形大汉，勇猛，甚至有点鲁莽，但也绝对是一个嫉恶如仇的好汉子。

那大家知不知道张飞庙呢？

张飞庙，又叫张桓侯庙，位于长江南岸飞凤山麓，这是为纪念三国时期蜀汉名将张飞而修建的。

史书上记载，张飞年轻的时候以卖肉为生。为了保存这些肉，他经常把肉放在井内储存，然后在井口盖上一块只有他才能搬得动的大石头，这样就不会有人来偷肉了。张飞颇以此骄傲，所以又在边上写了张字条："如果有人能搬起大石，送肉十斤。"结果有一天，张飞卖肉回来，惊讶地发现石头已经被移开，储存的肉也没了，这是谁干的？张飞拔腿就往城里追，没多久就找到了那个拿走肉的人，正是红脸长须的关羽。两人争吵着不知怎么就动起手来，这两个大汉可都是武艺又好，力气又大，一时间满街竟然没有人敢劝架。就在此时，一个卖草鞋的站了出来，

"住手，你们这两个小子，敢在我地盘上打架生事，有什么过不去的都可坐下来谈嘛。"

大家随声看过去，只见说话的人白白净净，一副瘦弱样子。没想到这卖草鞋的几步走到了街中心，一手攀住关羽的胳膊，一手攀住张飞的胳膊，朝两边一分，又朝下一按，两人立刻就成了楔进土里的橛儿，分毫也动弹不得了。

好大的力气啊！众人连声叫好，原来这人就是刘备。张飞和关羽也不打架了，好汉爱好汉，碰巧见了面，怎么肯轻易错过？三人干脆就结拜做了兄弟，正应了那句——不打不相识！

关于张飞的故事还有很多。

其中"长坂坡桥头"的故事流传很广。当时曹操追杀刘备，追了一天一夜，到了当阳的长坂坡，终于追上了刘备。刘备知道曹操的追兵到了，为了保命只得赶紧逃跑，于是命张飞带领二十个骑兵断后。张飞此时不仅没有慌张，反而让二十个人在马尾上系上树枝不断地走来走去，扬起烟尘。自己则骑在马上，瞪大眼睛，挥起长矛大喊："老子我就是传说中杀人不眨

眼的张飞张翼德，不服的话就来和我单挑！"曹军听了脚下发颤，没有一个敢上前的，曹操也想打退堂鼓。张飞知道这是个机会，又一挺长矛大声喝道："你们战又不战，退也不退，到底想干什么！"话没说完，曹操边上的一个将领竟然受惊摔下马来，曹操也只得叹气回去了。

这正是"长坂桥头杀气生，横枪立马眼圆睁。一声好似轰雷震，独退曹家百万兵"。

张飞庙是在张飞死后为了纪念他而建造的，那张飞是怎么死的呢？

说起来也是挺可惜的。得知关羽被杀的消息后，张飞伤心得每天喝酒，喝醉之后脾气更是暴躁，常常鞭打士兵，有的士兵甚至被打死了。因此他的手下都怕他，害怕下一个就会轮到自己。

▲张飞庙

有一次，张飞要求部下范疆和张达赶快做出所需要的白色盔甲，以用来在战场上祭奠关羽。时间紧迫，范疆和张达请求宽容几天。想不到张飞大怒，让士兵们把他们绑在树上狠狠鞭打，还对他们说："要是明天准备不好，就要你们的脑袋！"范疆和张达两人被打得浑身是血，回去后十分害怕，担心会被张飞杀死，无奈之下决定先下手为强，杀掉张飞。

到了晚上，张飞又喝醉了。范疆和张达偷偷来到张飞的营帐里。正要下手，却看见张飞睁着两个圆圆的大眼睛，吓得他们两个赶紧趴在地上。过了一会儿，他们发现张飞没有动，而且打呼噜的声音越来越大。原来张飞睡觉的时候也睁着眼。两人的胆子又大了起来，走上去一刀刺死了张飞。他们将张飞的头砍下来，藏在衣服里，然后偷偷逃离蜀国，投奔吴国去了。一代名将就这样冤枉地做了刀下鬼。

据说张飞死后，头颅被抛在江里。有个渔夫夜得张飞托梦，希望他帮忙到江中打捞头颅。好心的渔夫醒来之后就真的去打捞了，没想到除了捞

三 中国第一长河——长江

到头颅，还意外捞到一罐金子。于是他把张飞的头颅埋葬在飞凤山麓，又用这罐金子在山上造了张飞庙。

史书记载，张飞庙建于蜀汉末年，后经宋、元、明、清历代扩建，已有1700多年历史。清乾隆皇帝下江南时曾御笔亲题："雄赳赳吓碎老曹肝胆，眼睁睁看定汉室江山。"千百年来拜谒者络绎不绝。

张飞庙充分利用地形，依山临江，山水园林与庙祠建筑浑然一体，相互衬托。庙外黄桷梯道、石桥涧流、瀑潭藤萝、临溪茅亭、峻岩古木等景色秀美清幽。庙内结义楼、书画廊、正殿、助风阁、望云轩、杜鹃亭、听涛亭等古建筑布局严谨、独具一格。

虽说张飞是一介武夫，但张飞庙却有"文藻胜地"的盛誉。这是为什么呢？

因为张飞庙里收藏了很多汉唐以来的石刻、木刻、字画。尤其是字画碑刻，更是名家圣手，流派纷呈，各领风骚，不少为国内外所罕见，具有较高的历史、艺术和科研价值，如汉《张表碑》、梁《天临碑》、黄庭坚书《幽兰赋》、苏轼书《前后赤壁赋》、岳飞书《前后出师表》等。

▲张飞塑像

又因为张飞大义大勇，为人民敬仰，所以每年在他的生辰，也就是农历八月二十八，各地群众都会纷纷前来举行祭祀活动，颇具一定规模与影响力。

知识链接

其实，张飞庙远不止这一座。据《(雍正)四川通志·卷二十八上》。"(重庆府)张桓侯庙在长寿县西……各州县多有之；(保宁府)桓侯庙在府东侯尝镇，阆中各州县多祀之；(夔州府)张桓侯庙，在巫山县西北，云阳县亦有之；(龙安府)张桓侯庙在府北；(嘉定直隶州)张桓侯庙在关庙后。"但遗憾的是其中的很多已难觅踪迹了。

长江动物

寻家的孩子——中华鲟

有一种动物，它与恐龙生活在同一时期，距今已有1.4亿年的历史。

有一种动物，它是地球上最古老的脊椎动物，是鱼类的共同祖先——古棘鱼的后裔。

有一种动物，它是淡水中最大的鱼，被称为"长江鱼王"。

它是谁呢？它就是中华鲟！

中华鲟属于鲟类，它最早出现于距今2.3亿年前的早三叠世，并一直延续至今。中华鲟是目前世界上现存的27种鲟鱼中最为珍稀鲟种，也是全球分布最南的鲟种。中华鲟对生活的地方非常挑剔，目前只生活在我国的长江流域。

中华鲟是鱼中的"武士"，它们神态威武，体型庞大，成年后可以长到4米以上，比我们人类还高，雌鱼的体重大约有两三百千克。中华鲟居世界27种鲟鱼之冠，被誉为"鲟鱼之王"。

它们的生理结构特殊，全身没有刺。鱼竟然没有刺，大家是不是很吃惊！它们靠少量硬骨、骨板和软骨脊椎支撑起庞大的身躯，漂亮的骨板有一列分布在背部，体侧和腹部也各有两列。

它们的寿命长，在没有外界伤害的情况下，可以活一两百年，比我们人类还长寿。

它们喜欢吃什么呢？

大家别看中华鲟个子庞大，进食可是很"斯文"的，在这点上中华鲟就像个"绅士"。它们主要吃浮游生物和植物碎屑，偶尔也会尝尝小鱼、小虾。

但这些都还不是中华鲟最与众不同的地方，中华鲟的生长经历才是真正动人的传奇。下面就给大家讲讲中华鲟的一生。

每一粒小小的中华鲟鱼卵都是在长江上游水流湍急的金沙江里被产下的，它们在爸爸妈妈的带领下游向大海，在那里长大成人，因为最适宜中

三 中国第一长河——长江

华鲟生存的水环境盐度应该在 1‰ ~ 35‰ 之间。几年间小鱼慢慢长大,当秋天来临,该是恋爱的时候了。成年的中华鲟成群结队聚集到长江口,它们在那里寻找另一半进行交配,但这只是它们执著而艰辛的婚配旅程的开始。接下来,它们会花一年的时间,坚持不懈逆江而上 3000 多千米,这个旅程的目的地是它们的出生地——金沙江。

▲中华鲟

第二年的秋天,中华鲟回到了朝思暮想的故乡,在那里产下鱼卵,繁殖后代,新的故事便在江水中一代一代延续。

等到中华鲟带着孵化的小鱼千里迢迢再回到大海中,时间已经过去了两年。而且大家一定想不到,最奇特之处在于——这期间中华鲟什么也不吃,完全靠消耗自身的营养储备来维系游行所需的体力。让你惊讶的还不止于此呢,由于在长江口交配后鱼卵尚未完全发育成熟,中华鲟还要感受"十月怀胎"的劳苦,不断为鱼卵发育提供营养,以保证鱼卵抵达金沙江时能够完全成熟。

在千辛万苦到达金沙江之后,一条中华鲟能产多少鱼卵呢?

这个数目是很大很大的,大约有百万粒。但鱼卵的成活率不高,最后长大的就是少数中的少数了。一方面是因为长江水流较急,在动荡的水浪中进行受精,使得自然受精不完全,这就淘汰了一批鱼卵。另一方面是因为受精卵在孵化过程中,或遇上食肉鱼类和其他敌害,或"惊涛拍岸",这样又要损失一大批。即便孵成了小鱼,大鱼吃小鱼,还会有一定的损失。如此看来,下的鱼籽虽多,但能"成鱼长大"而传宗接代的却不多。实际上,这是动物在进化过程中生殖适应的结果。

从幼鲟孵出游入大海,到成年鲟返回长江繁育后代,最短需要多长时间呢?

需要十年的时间。既然它们选择了这漫长而艰辛的旅途,它们就会世世代代，周而复始。中华鲟游遍天涯也眷恋着母亲河，其坚定不移的方向性和执著的回归性，就像旅居在海外的中华游子对祖国母亲始终怀着眷恋之情一样。正是被这样的深情所打动，1963年，我国著名鱼类学专家伍献文教授把"中华鲟"这个名字献给了它们。

中华鲟这么名贵，有没有外国人尝试饲养它们呢？

当然是有的，不少外国人都希望将中华鲟移居到他们国家的江河内繁衍后代。但是根据记载，即使移居海外，中华鲟也眷恋着自己的故乡，不管多么遥远，相隔千山或是万水，它们也要千里寻根，洄游到故乡的江河里生儿育女。在回家的路上，它们表现出惊人的耐饥、耐劳、识途和辨别方向的能力，无愧于人们给它冠以的"中华"二字。

中华鲟是珍贵的"活化石"，在分类上占有极其重要的地位。它是研究鱼类演化的重要参照物，在研究生物进化、地质、地貌、海侵、海退等地球变迁方面也具有重要的科学价值和难以估量的生态、社会、经济价值。

近年来，"活化石"的数目正在急剧减少，因为中华鲟浑身是宝，引来了不少贪心之人。它肉质肥美；卵可制成鱼子酱，是珍贵食品；鳔和脊索可制成鱼胶。所以捕捞过多，再加之繁殖率低、成熟期长，中华鲟的数量已经越来越少了。

长江葛洲坝水利枢纽建成后，中华鲟无辜地遭遇了一场大劫。因为葛洲坝水利枢纽切断了中华鲟由海口上溯金沙江生殖洄游的通道，以致那些大腹便便的母鲟被阻于坝下而丧身。坝区的鱼道问题成为一个急需解决的难题。

不过现在大家可以不用太担心了，因为有关中华鲟的人工繁殖和放流工作已试验成功。

据报道，2009年11月3日，由中国长江三峡集团公司中华鲟研究所在三峡坝区基地成功繁殖出的世界首批全人工繁殖中华鲟满月，这批幼鲟身长已达到7厘米左右，研究人员根据幼鲟的生长发育需要，决定将幼鲟转移到中华鲟研究所本部黄柏河繁殖基地进行放养，待达到放流条件后放入长江。"中华鲟全人工繁殖研究"项目填补了中华鲟全人工繁殖的空白，标志着人类对中华鲟的保护和研究获得重大技术突破。

爬行类之王——扬子鳄

下面要出场的这位,曾经与恐龙一起生活,在它的身上,现在仍可以找到早先恐龙类爬行动物的许多特征。

▲扬子鳄

它是谁呢?它叫扬子鳄,是世界上体型最小的鳄鱼品种之一,也是中国特有的一种鳄鱼。这种爬行动物非常古老,对于人们研究古代爬行动物的兴衰和研究古地质学和生物的进化有重要意义。但是现在扬子鳄的数量非常稀少,可以说是濒临灭绝。

我们的老祖宗早就认识扬子鳄。根据商殷甲骨文里的记载,古时候的人们称扬子鳄为"鼍"。鼍是什么呢?鼍就是龙的一种。在李时珍的《本草纲目》中把扬子鳄称为鼍龙,老百姓则将它称为土龙、猪婆龙。在《西游记》里,鼍龙是泾河龙王最小的儿子。总之,古代的人们将扬子鳄看作是"龙"这样的神兽。

扬子鳄属于短吻鳄,区别在于它们的嘴比其他鳄鱼的嘴要宽,全身有明显的分部,分为头、颈、躯干、四肢和尾。它们的眼睛、耳朵和鼻孔都长在头顶上,当鳄鱼从水中浮上来的时候,它们就会首先露出水面。仔细观察,扬子鳄的眼睛是纯黑色,而且有眼睑和膜,所以可以张开或者闭合。鼻孔长在吻的前端,而且鼻孔有瓣膜,可开可闭。

扬子鳄是鳄鱼家族中体型最娇小的,即使成年后也很少超过 2 米,一般只有 1.5 米。比起能长到 6 米的非洲鳄,绝对是小个子。不过与所有鳄鱼一样,扬子鳄也有一条强健的尾巴,既可以用来防卫,又可以用来游泳。

鳄鱼带个"鱼"字，是不是鱼一类的水生动物呢？

这样想可就错了。鳄鱼只是具有水路两栖的作战本领罢了，其实它是百分百的爬行动物，因为它没有腮，和我们一样是用肺呼吸的。它们在水里可以灵活地游泳，在岸上可以爬行，加上体型强壮，力气巨大，可以说是"爬虫类之王"。或许正是因为它经常像鱼一样在水里嬉戏，所以沾了"鱼"字的边。

鳄鱼能够适应水中生活也算是它独有的本事，这样它们就扩大了生活的领域，更容易在生存斗争中成为优胜者。

虽说是"爬行类之王"，扬子鳄平时还是深藏不露的，它们看起来懒洋洋的，常紧闭双眼，爬伏不动，处于半睡眠状态，给人们以行动迟钝的假象。可是，当它一旦遇到敌害或发现食物时，就会立即将粗大的尾巴用力左右甩动，迅速沉入水底逃避敌害或追逐食物。

大家有没有见过扬子鳄捕食呢？扬子鳄捕食是很有策略性的，它们会充分利用水陆两栖的本事进行搏斗。

当扬子鳄捕到较大的陆生动物时，就把它们拖入水中淹死；相反，当扬子鳄捕到较大的水生动物时，又把它们抛上陆地，使猎物因缺氧而死。真可谓有勇有谋！

大家想到扬子鳄，肯定都觉得它有一口锋利无比的牙齿。但遗憾的是，扬子鳄虽然长有看似尖锐锋利的牙齿，却是槽生齿，这种牙齿不能撕咬和咀嚼食物，只能像钳子一样把食物"夹住"，然后不怎么咀嚼就把食物吃下去。

遇到很大块的食物不能一下子吞咽怎么办呢？这时候，扬子鳄往往用大嘴"夹"着食物在石头或树干上猛烈摔打，直到把它摔碎，再张口吞下。如果还不行，它干脆就把猎物丢在一旁，任其自然腐烂，等烂到可以吞食了，再吞下去。为了弥补牙齿的缺陷，扬子鳄有一个异常强大的胃，这胃不仅胃酸多，而且酸度高，因此消化功能特别好，可以有效避免囫囵吞枣带来的消化不良。

别看扬子鳄一副凶残的样子，其实它本性喜静，白天大多数时间隐居在洞穴中，夜间才外出觅食。扬子鳄白天活动的时候，最喜欢做的事情是在洞穴附近的岸边、沙滩上晒太阳。捕食的时候，它最爱吃的是田螺、河蚌、小鱼、小虾、水鸟、野兔、水蛇等动物。它的食量很大，能把吸收的营养物质大量地贮存在体内，因而它就有很强的耐饥能力，这也是为了帮助扬子鳄顺利渡过漫长的冬眠期。

当暮春时节来临,扬子鳄也从冬眠中苏醒过来,这时它们的肚子很饿,要赶紧去外面觅食来补充体力。吃饱了饭,体力也恢复了,快到夏天了,赶紧找到另一半恋爱交配吧。扬子鳄之间会发出不同的求偶叫声,雌雄的声音不一样,雄鳄叫声非常洪亮,百米以外都可以听到,雌鳄的叫声则较为低沉,两者声音一呼一应,很是默契。扬子鳄正是以呼叫声作为信号,逐渐靠拢,最终聚合到一起。

也就是 6 月上旬的时候,扬子鳄在水中交配,体内受精。到了 7 月初左右,雌鳄就更忙碌了,它们要为产卵做准备。雌性扬子鳄会用杂草、枯枝和泥土在合适的地方建筑圆形的巢穴,每巢约产卵 10~30 枚。它们的卵多为灰白色,比鸡蛋略大。

产下卵,差不多就是夏季最炎热的时候,接下来雌鳄是不是该孵蛋了呢?

不是这样的。扬子鳄跟母鸡不同,它们并不用自己的体温进行孵化。它们在卵上面覆盖厚草,很快,部分巢材和厚草在炎热的阳光照射下腐烂、发酵,并散发出热量,鳄卵正是利用这种热量和阳光的热能来进行孵化。孵化大概需要两个月的时间,在孵化期内,母鳄的主要职责是在巢旁守卫它的子女们。

到了秋天,母鳄在巢边听到仔鳄的叫声后,会马上扒开盖在仔鳄身体上面的覆草,帮助仔鳄爬出巢穴,并把它们引到水池内。仔鳄体表有橘红色的横纹,色泽非常鲜艳,这和成年的鳄鱼明显不同,更招人喜欢。

扬子鳄平时喜欢落户在湖泊、沼泽的滩地,或者是丘陵山涧长满乱草蓬蒿的潮湿地带。它具有高超的挖洞打穴本领,它的头、尾巴和锐利的趾爪都是打洞的好工具。俗话说"狡兔三窟",而扬子鳄的洞穴超过三窟。它的洞穴常有几个洞口,有的在岸边滩地芦苇、竹林丛生之处,有的在池沼底部,地面上有出入口、通气口,而且还有适应各种水位高度的侧洞口。洞穴内则是曲径通幽,纵横交错,恰似一座地下迷宫。也许正是这种地下迷宫帮助它们渡过了严寒的大冰期,同时也帮助它们逃避了敌害而幸存下来。

那为什么现在扬子鳄反而濒临灭绝呢?

这是人类犯下的错误。扬子鳄出没的主要地点是长江下游,如湖北、安徽、江西和江苏境内,它们生活在陆上,却也离不开水。19 世纪,扬子鳄筑穴的浅滩多被开垦为农田，丘陵植被被大量破坏，丘陵地带的蓄水能力大大降低，干旱和水涝频繁发生，使扬子鳄不得不离开其洞穴，四处寻找适宜的栖息地。这种迁移过程又为自然死亡和人为捕杀创造了机会。更糟糕的是，化肥农药的使用大大减少了扬子鳄的主要食物——水生动物的数量。目前，扬子鳄分布范围缩减到江西、安徽和浙江三省交界的狭小地区。

人们也意识到了这一点，从 70 年代起，我国的科学工作者迈上了充满坎坷的人工繁殖扬子鳄的征途，现在我国人工孵化鳄卵、人工繁殖鳄群技术已走在世界前列。在他们不懈的努力下，扬子鳄的数量已从建场初期的 170 条增加到 4000 多条，现在每年的繁殖数量都在 1000 条以上。

知识链接

人们常常用"鳄鱼的眼泪"来比喻那些假惺惺的人。因为人们看到扬子鳄在进食的时候常常是流着眼泪在吃一些小动物，好像是它不忍心把这些小动物吃掉似的。那么扬子鳄流眼泪是怎么回事呢？它的眼泪并不是出于怜悯，而是由于它体内多余的盐分主要是通过一个特殊的腺体来排泄的，而这个腺体恰好位于它的眼睛旁边，这使人们误认为这个腺体分泌的带有盐分的液体就是它的眼泪。当它进食的时候，腺体恰好在分泌带盐分的液体，所以人们常常认为它是在假惺惺怜悯这些小动物。

长江女神——白鳍豚

有一种水生哺乳动物，它们形态美丽优雅，在长江里生活了大约 2500 万年，被称为"长江女神"。

这种我国独有的动物是什么呢？它叫白鳍豚，也被称为是"水中的大熊猫"，因为它的数量极为稀少，是中国目前最为濒危的动物，也是世界上几种最濒危的动物之一。从某种程度上说，白鳍豚比大熊猫还要珍贵！

根据化石记载，白鳍豚于 2500 万年前由太平洋迁徙至长江。在中国两千多年前的古籍《尔雅》中，有对白鳍豚的描述，把它看作是江神。

白鳍豚有点像海豚，但只生活在江湖中，是鲸类家族中的小个体成员。作为哺乳动物，白鳍豚无法在水中呼吸。换气时，白鳍豚优雅地将头部露出水面，在水面游动 2 米后，再入水中。

"长江女神"到底有多美丽呢？

它的身体呈纺锤形，成年后大约有 2 米长。它全身皮肤裸露没有毛，颜色很纯净，背是水盈盈的蓝色，或者浅浅的灰色，腹面为纯白色，在水中就像个精灵一般，在阳光照耀下还发出闪闪亮光。这样的颜色分布恰好与环境颜色相符。由水面向下看时，背部的青灰色和江水混为一体，很难分辨；由水底向上看时，白色的腹部和水面反射的强光颜色相近，也很难被发现。这使得白鳍豚在逃避敌害、接近猎物时，有了天然的隐蔽屏障。

白鳍豚的身体形态不仅美丽，而且非常有利于游水，白鳍豚的时速可达 80 千米左右。这是怎么做到的呢？

首先要感谢它的皮肤，白鳍豚的皮肤光滑细腻，富有一种特殊的弹性，原理与竞赛式游泳衣使用具有弹性的尼龙织料相同，这样能够减少在水中快速游动时身躯周围产生的湍流。然后要感谢它的鳍。其中，尾鳍扁平，分为两叉；两边的胸鳍是手掌形状；背鳍就像一个小小的三角形。这四鳍提供了水中游动时方向与平衡的控制力。再加上流线型的身躯，白鳍豚就成了游泳健将。

白鳍豚吃什么呢？

它是食肉动物，嘴部又长又细，里面长了 130 颗尖锐的牙齿，不过它们常常懒得咀嚼。白鳍豚经常在早晨和黄昏时游向岸边浅水处进行捕食，一般以吞食体长小于 6.5 厘米的淡水鱼类为主，这样小的鱼他们可以整条吞下，同时也吃少量的水生植物和昆虫。

白鳍豚喜欢群居，尤其在春天这样的交配季节，它们总是一群一群聚在一起，像是爱热闹似的。每群一般 2~16 头。白鳍豚的活动范围广泛，可以说是四海为家，但对水温条件要求较高，经常在一个固定区域停留一段时间，待水温条件发生改变后，又要搬家到另一地域。

不过白鳍豚的视觉和听觉都很差，那是因为长期生存在长江的浊水中，致使这些功能严重退化。那它们怎么感受外界呢？

白鳍豚在水中主要以发射声呐接收信号来识别物体。白鳍豚的上呼吸道有三对独特的气囊与一个形似鹅头的喉咙，但是因为生存于水中靠水发音，所以并没有陆地动物在空气中发音所需要的声带。

科学家用特制的水听器可以听到白鳍豚发出的"滴答""嘎嘎"等数十种不同的声音。白鳍豚发出的声音常为两声一对，发出声音后会安静地等待着回声，从而辨出自己与产生回声的阻碍的距离和大小，并且考虑是否游向目标。它又会在收到回声后的不久发出新的一对声音，稍候又安静地等待回声。第二次回声收到后，它便可以分析出目标游动的方向与速度，白鳍豚就是这样精确地利用回声来定位。用这独特的声呐系统，它时常还可以在江底的淤泥中捕捉食物，也可以发出人耳听不见的高频率音波，与十几千米外的同伴联系。

多聪明的动物啊！根据研究，白鳍豚的大脑表面积比海豚还要大，大脑的重量约占总体量的 0.5%，也就是说平均一头重 95 千克的雄豚，大脑重 470 克。这重量已接近大猩猩与黑猩猩的大脑重量，部分学者甚至认为白鳍豚比黑猩猩更聪明。

这些特质使白鳍豚在生物学、仿生学和生理学等方面具有广泛的科研价值。不过白鳍豚生性胆小，很容易受到惊吓，一般都远离船只，很难接近，加之其种群数量很少，活动区域广阔，所以在野生状态下对白鳍豚的研究十分有限。

在历史上，白鳍豚曾广泛存在于长江流域的洞庭湖及鄱阳湖湖区，在长江中的分布最远至三峡地区葛洲坝上游 35 千米处，还有上海附近的长江入海口都曾有发现。估计历史上曾经有 5000 头之多。

它们是怎样逐渐消失的呢？一方面白鳍豚繁殖数量较少，它们成年后两年才发情一次，怀孕时间比人类还长，大概要 11 个月，每胎一仔。另一方面，也是主要原因，就是人类活动的影响。人类自身的迅速发展和对环境的污染导致其种群数量不断减少，而且分布区域逐渐缩小。

上世纪 50 年代，在长江中尚可见到较大群体，此后它们的数量急剧下降，在沿江湖泊和支流中消失，即使在长江中，个体已不足 100 只。进入 2000 年的时候，估计白鳍豚大概仅剩二三十只了，因此被列为世界级的濒危动物。

更坏的消息是，在2006年，由中国、美国、瑞士、日本、英国、德国6个国家科学家组成的国际考察队在长江干流搜寻白鳍豚。一个月后，科考队遗憾地宣布，来回3336千米的考察未发现一头白鳍豚，这种比大熊猫更珍贵的种群的复苏希望已经极为渺茫。

顽皮孩子——江豚

江豚是另一种生活在水中的哺乳动物。它全身呈现蓝灰色或瓦灰色，唇部和喉部为黄灰色，腹部颜色浅亮，有一些形状不规则的灰色斑。

江豚不像白鳍豚那么优雅，它更像个蹦蹦跳跳的小孩子，为什么这么说呢？

它的性情活泼，常在水中上游下窜，不停地翻滚、跳跃、点头、喷水、突然转向……是不是很像个满地打滚的小孩子。

▲江豚

江豚侧游时尾鳍的一叶露出水面,左右摇摆,从空中划过。受到惊吓后便急速游动,然后一次或连续数次使身体腾空,并且将身体的大部分露出水面,仅尾叶在水中向前滑行。有时候甚至全部身体都跃出水面,高度达到0.5米!它还能直立游动,把身体的2/3都露出水面,与水面保持垂直,不过只能够持续数秒钟。

江豚呼吸时仅露出头部,尾鳍隐藏在水下,然后呈弹跳状潜入水下。呼吸间隔一般为1分钟左右,但如果受惊,下潜的时间可达8分钟~9分钟。仔细观察会发现,一般江豚如果入水时不弓着腰,在水下停留的时间就不会很久;如果你看到它们下潜时弓腰的幅度很大,那就表示将要深潜,不会连续出水。

江豚捕食也是很有意思的,既灵巧又讲究方法。

首先,它会快速游动,多为深潜,同时露出水面频繁,呼吸声也较大,有时嘴上还沾有污物,在水面激起数十厘米高的涌浪。

一旦发现猎物,它就向前猛冲,然后一个急刹车快速转体,用尾叶击水、搅水,驱赶鱼群,使其惊散。接着快速游动,迅速接近猎物,头部灵活地转动、摆动以便准确定位。

咬住猎物后,江豚会将鱼头调整为正对着咽喉的方向快速吞下,然后再进行下一次捕食,也有时将较小的数条鱼都衔在口中后一次吞下。吃饱了以后,江豚就懒洋洋地缓缓游动,有时候不想游了就悬浮在水中。

如果是江豚集体发现鱼群,它们还会互相配合呢。它们会彼此分开游动,潜水不深,常伴有前扑和甩头的动作,看似没什么方向感,其实正一起将猎物包围。被追逐的数十至上百条银白色的小鱼被迫跳出水面,使水面一片银光闪闪,场面蔚为壮观。江豚捕食的同时,空中盘旋的鸥类就会及时赶来,趁小鱼露出水面时不停地飞速掠过水面,抢食小鱼。

不过江豚似乎更喜欢单独活动,结群也是三三两两的。它与白鳍豚基本上不合群,偶尔会在一起共同嬉戏。比起白鳍豚,江豚对水温的适应范围要广,从4℃~20℃均能够正常地生活,不需要高频率地搬家。

江豚的联络方法很先进,它能发出两大类声信号。其中,高频脉冲信号由一连串单个高频窄脉冲所构成,一般在20~120个之间,为声呐信号或称为回声定位信号，主要是在探测环境、捕食时发出。另外，低频连续信号为时间连续信号。由于频率的高低不同，人耳听起来有的像羊叫，有的似鸟鸣。

江豚的繁殖也不多，雌豚每年10月生产，每胎产一仔。它们的分娩同人类有些类似，甚至更加辛苦。

分娩之前10天左右，雌豚的呼吸频率就会一天天增高，食量也渐渐减少。分娩时，雌豚每隔3分钟左右上下急游翻滚一次，大约持续2~3分钟后缓慢游动，间歇3分钟后再次急游。每次急游时，雌豚必须开始用力，这样幼仔才可以出来一点，但一松劲的时候，仔豚就又缩进去了，真是让人担心。一直到一次间歇之后，雌豚一下子持续用力，才将仔豚整体娩出，仔豚马上奋力向上游动，雌豚则腹面朝上，身体朝与仔豚相反的方向游动，拉断脐带。仔豚顺势冲出水面，呼吸空气。整个神奇的生命诞生过程大约需要160分钟。

在照顾仔豚方面，雌豚跟人类就更像了。你能想象雌豚喂奶的样子吗？

喂奶时，雌豚和仔豚常出没在水较浅、较缓的区域，雌豚把身体稍微侧向一边，将一侧的鳍肢露出，仔豚则紧贴雌豚的腹部。多温馨的一幕啊！它还会用驮带、携带的方式来保护、帮助仔豚。那景象非常有趣！驮带的时候，仔豚的头部、颈部和腹部都紧贴着雌豚，斜趴在背部，呼吸时仔豚和雌豚就相继露出水面。待幼仔长大一些后，雌豚就改用鳍肢托着幼仔游动，呼吸时也相继露出水面。携带的方式更为常见，雌豚和仔豚靠得很近，相距大约5米~10米，但身体并不接触，也是前后相继露出水面。

在很久以前，江豚就是渔民的好朋友。它为什么会成为渔民的朋友呢？

江豚用肺呼吸，在大风大雨到来之前，因江面起雾，气压变低，它们需要频繁地露出水面"透透气"，而且露出水面很高。渔民们只要看见江豚出来朝起风的方向"顶风"出水，就会有所警惕，知道很可能有大风暴要到来，这几天渔民就不会出门捕鱼。于是，在长江上捕鱼的渔民们把江豚的这种行为称为"拜风"，把江豚看做是"河神"。

江豚从不怕生，每当江中有大船行驶，它就很高兴地紧跟在后面顶浪或乘浪起伏，就像是人玩冲浪一样，自娱自乐。江豚还是个顽皮的孩子，一般小孩子会扮鬼脸玩或吐泡泡玩，江豚就做出有趣的吐水行为。它把头部露出水面，一边快速地向前游，一边将嘴一张一合，并不时从嘴里喷水，有时可将水喷出 60 厘米～70 厘米远呢。

但遗憾的是江豚现在也面临灭绝。

自然环境的变迁、水位的下降、水质的恶化、江湖的淤积、食饵的减少等一系列因素给江豚的繁殖与生长带来了巨大的威胁。再加上可恶的偷猎者，对幼豚杀伤力很大，以致长江、洞庭湖的江豚资源锐减，加强对江豚资源的保护刻不容缓。

长江湿地的幸运儿——麋鹿

头像马，角像鹿，尾像驴，蹄像牛——这是什么动物呢？其实，这"四不像"不是胡乱拼凑的，它是一种切切实实存在的珍稀动物。它是中国特有的麋鹿。

这种动物的辈分可不低，它起源于 200 多万年前的第四纪晚期，在古代的中国分布很广泛。我们的祖先把它看做神兽，因此有很多记载，据说姜太公把它当坐骑，能日行千里，夜里也能跑八百里。

麋鹿四肢粗大，颈和背也比较粗壮，脚趾间有皮健膜，加上善于游泳，非常适合在泥泞的树林沼泽地带寻觅青草、树叶和水生植物等。麋鹿除了英俊的体型，最出色的是雄鹿的角，如果把它的角倒过来放在平地上能够三足鼎立，这在鹿科动物中是独一无二的。

但或许正是这种独一无二导致了麋鹿的悲剧，使麋鹿一度在中国大地上消失！直到 20 世纪末才又回归，这说起来，可是一段很长的故事。

从商周开始，麋鹿的分布区域由于人类的活动开始逐渐减少；到了元代，麋鹿的主要分布区就只剩下华北和江苏等个别地方了；到了清朝，情况更糟，北京南海子的皇家猎苑只有二三百头麋鹿了。

1865 年，法国传教士兼博物学家阿芒·卫在北京南部考察动植物时发现了这种奇特的动物，他对这种第一次看见的物种情有独钟，便千方百计将其运回法国，由法国动物学家米勒·爱德华确定了麋鹿的拉丁种名，这是世人第一次从学术角度知道了麋鹿。

三　中国第一长河——长江

▲麋鹿

　　可惜对于麋鹿，出名并没有带来好运。

　　此后的十几年间，通过贿赂和偷盗等卑劣手段，不断有麋鹿被运到西方各国的动物园。被迫背井离乡的麋鹿，怎么可能适应生态环境的变化，所以它们状况很不好，面临着灭绝的危险。

　　幸运的是1898年，西方尚且活着的麋鹿遇到了热爱动植物的英国贝德福特公爵十一世。公爵出高价把饲养在巴黎、柏林、科隆、安特卫普等地动物园内的18头麋鹿全部买下，并将其放养在他水草丰茂的乌邦寺庄园内。经过精心护理、饲养，这18头麋鹿逐渐繁衍生息，到二战结束时，已经繁殖到255头。但公爵并没有把麋鹿占为己有，为了防止这个物种灭绝，他也慢慢地向各国动物园输送麋鹿。

　　在中国，麋鹿反而没有这么好的运气，发生了什么事情呢？1894年，永定河泛滥，冲毁了皇家猎苑的围墙，逃散的麋鹿遭遇噩梦，成了饥民们的果腹之物。几年后，八国联军侵入北京，南苑里的麋鹿几乎被全部杀光。仅有的一小部分也被运往欧洲。

至此，麋鹿在神州大地上销声匿迹，无迹可寻。

麋鹿怎样才能回家呢？

这是很多人的心愿。在世界动物保护组织的协调下，英国政府决定无偿向中国提供种群。回家的日子终于到来，1985年，22头麋鹿穿越重洋，回到了以前的皇家猎苑，也就是北京大兴区的南海子麋鹿苑。一年后，又有39头麋鹿落户江苏省大丰市。

麋鹿已经回家了，但生活在动物园里毕竟还是违背了动物的本性，科学家们又开始想办法让麋鹿回归，这一次，它们要回到更久以前的家园——大自然。

研究人员在湖北实地调查，为建立麋鹿自然保护区选址，最后，石首天鹅洲长江故道湿地被认为是最合适的选择。巧合的是，这里正是麋鹿千年之前的家园，是春秋时代楚王圈养麋鹿的古云梦泽。

被人类圈养了几百年的麋鹿能否再次适应野外生存的环境呢？中英联合专家组对实验结果的预测并不乐观。但自然的力量是很神奇的，令研究人员惊喜的事情发生了：先后放养的94头麋鹿很快适应了天鹅洲的环境，而且数量增长很快，它们开始向保护区外自然扩散，并且恢复了原有的野性。

麋鹿放养的戏剧化转机出现在1998年。那一年，天鹅洲遭遇百年不遇的特大洪水，人们很为麋鹿的命运担忧，但结果却大大出乎大家的意料。

大家可别忘了麋鹿是很善于游泳的！洪水中，除了少数老弱病幼被冲走外，大部分麋鹿则被冲出保护区，顺势渡江南下，到达湖南华容县，后来返回到保护区对岸的南碾子三合垸芦苇湿地落户，慢慢地又自然繁衍安定下来。看到此情此景，科研人员情不自禁地感叹："中国有了真正的野生麋鹿！"

长江刀鱼

"春潮迷雾出刀鱼",说的就是长江刀鱼,这是每年春季最早应市的时鲜鱼。这种著名的洄游鱼,历史上和鲥鱼、鮰鱼一起被合称为"长江三鲜"。

但是如今,长江里野生鲥鱼基本绝迹,鮰鱼也难觅踪影,几乎被人捞尽吃光了;刀鱼还算是硕果仅存的"鲜头"。

长江刀鱼,学名长颌鲚,又称刀鲚,因为形状像一把尖刀而得名。它平时栖息于中国东部接近江口的浅海,每年春夏间溯水而上产卵,是典型的洄游鱼种。从前,刀鱼要从东海沿长江洄游到洞庭湖产卵;而现在,它们已根本到不了那里,最远只能洄游到安徽安庆附近的江段。

它们为什么不回去呢?不是它们不想回去,而是因为从长江口开始,

▲长江刀鱼

刀鱼的洄游路上,一张张渔网一层层拦截,网眼越来越小,能侥幸漏网的机会越来越少。

刀鱼本来是"长江三鲜"中数量最多、最"大众化"的渔货,上世纪80年代还根本不是什么稀罕物。但近几年,却变得极为珍贵,清明前的大刀鱼每千克被炒到了四五千元。吃刀鱼几乎成了有身份的象征,吃客们还一个劲地念叨:"就快吃不到了,抓紧吃!"

春风如刀,刀鱼们正在倒数最后几个春天。

2005年,上海一家媒体在文章中写道:"吃过长江刀鱼吗?若拿这个问题来问现在的年轻人,恐怕得把问题换成:见过刀鱼吗?"

刀鱼为什么变得这么少呢?综合多位专家的分析,造成刀鱼稀少的原因有两个:一是与长江口网具太多太密有关,使得捕捞过度;二是因为长江上游的水利工程建设,导致下游水量不足,海水上溯致使长江口刀鱼繁殖环境受影响。但专家们透露,这些并非是造成刀鱼稀少的主要原因,真正导致长江刀鱼几乎绝迹的主要原因是生态环境的变化。水污染、热发电都在破坏长江生态,特别是无毒的含氮污水排放,直接导致了长江水的富营养化。

这样说或许大家感受不深,我们可以换个角度,从一条鱼的角度看问题。

如果你是一条刀鱼,你就会对人类近几十年的许多举动感到愤怒。想想,你和同伴从海里游到江里,有着快乐和自由自在的心情,因为长江是你的家。

你和同伴逆流而上,你喜欢那种水流的感觉。但你发现,江里的水流变缓了,因为长江上游建了不少大坝。然后,你发现有些地方的江水的味道不好了。

你游呀游,想找到自己出生的地方生下你的下一代。但一道闸门把你的路堵死了,或者那条支流有着呛人的味道。你还发现,许多江堤不是土的,而是变成了水泥的,许多岸边你喜欢的水草没有了。远不止这些,你吃得也并不愉快。你喜欢的小虾、小银鱼都少得可怜……

所有这些,并不只是一条长江刀鱼的经历,而是生活在长江中所有鱼的经历。因此人类在拓展自己生存空间的时候,需要多想想其他动物。

三　中国第一长河——长江

长江文明

　　长江文明，是长江流域各区域文明的总称，与黄河文明并列为中国文明的两大源泉。长江文明区域之广，文化遗址数量之多、密度之大，都堪称世界之最。长江文明与黄河文明等中国各大古代文明长期相互影响、融合，成为中华文明。

　　早在旧石器时代，中华民族的祖先就在长江流域劳动生息。在云南元谋发现的元谋猿人是迄今为止中国发现最早的属于"猿人"阶段的人类化石，距今已有170万年。在长江上游、中游地区，还发现了大量云南"丽江人"、四川"资阳人"、湖北"长阳人"的化石和石器。这些属于旧石器时代中晚期的人类遗迹，距今亦有十几万年至一万多年了。

　　考古学告诉大家：70年代发现的江西清江美城和湖北黄陂盘龙城两处商代遗址，证实了这里至少在3000年以前就已经发展了和黄河流域的中原地区基本相同的文化。在距今4000年至6000年间，长江中游地区的原始人已经过着以稻作农业为主、渔猎为辅的定居生活，创造出较高水平的原始社会文化。在长江下游地区，同样有许多文化遗址。诸如，6000年前的马家浜文化、5000年前的崧泽文化、4000年前的良渚文化等等。

　　长江孕育了异彩纷呈的长江文化，为中华文明和世界文明作出了杰出的贡献。在这里，我们的先民人工栽培了世界上最早的水稻，发明了最古老的舟船，他们巧夺天工的盐业采集技术享誉中外，更孕育了精妙绝伦的玉石器文化，繁衍出辉煌灿烂的城市文明。

河姆渡文化

　　在风景如画的宁绍平原，水流奔腾的姚江将河姆村与渡头村一分为二，就是在这里，世界著名的河姆渡文化遗址出土。大概很少人知道，河姆渡就是河姆村和渡头村的合称。

　　这次伟大的发现，其实完完全全是个意外。1973年7月，红星大队接受了排涝站基础工程任务，因为当时赶着开镰割稻，工程不得不日夜抓紧进行。没想到开工后不久，发现地层下有些陶器碎片，大家一开始也没太在意，没想到再往下挖时，又陆续发现鹿角、象牙等物，这个不寻常的情况终于引起人们的注意，于是逐级上报到有关部门。尽职的考古工作者很快赶到现场，经过考证，一处令世界震惊的古文化遗址——河姆渡得以确认。

▲干栏式木屋建筑

经过科学的测定，河姆渡文化的年代为公元前5000年至公元前3300年，属于中国长江流域下游地区的新石器文化。河姆渡文化虽然古老，却也是多姿多彩的。

河姆渡的人们怎么生活呢？

当时，人们的居住地已经形成了大小各异的村落。这是不是有点超出你的想象？一起来看看吧。

河姆渡属于河岸沼泽区，所以房屋的建筑形式和中原地区、长江中游地区的房屋有着明显的不同。其中，最常见的是栽桩架板高于地面的干栏式建筑，这种建筑是新石器时代以来重要的建筑形式之一，是当时最具有代表性的特征。那同一时期北方的人们住在什么样的屋子里呢？它们住在半地穴房屋里。

河姆渡的人们都做些什么呢？首先，最关键的肯定是填饱肚子。

大家都知道打鱼捕猎是原始社会比较常见的获取食物的方法，河姆渡文化也不例外。从河姆渡遗址出土的有关遗物推测，河姆渡先民会利用弹弓发射陶弹丸击落飞鸟，也有的用弹弓发射骨镞击落飞鸟。

除了飞鸟，河姆渡人还抓捕更大的动物，比如说鹿，这可以从河姆渡

三　中国第一长河——长江

遗址出土的大量鹿类标本中得到证实。或许是因为鹿的抵抗力弱，数量又多，还喜成群结队外出觅食游闲，最容易成为河姆渡先民的首选目标。而犀、象、虎、熊一类大型动物的骨骼标本数量则出土得很少，说明这些动物太凶悍了，河姆渡人还没有本事捕杀。

捕鹿这样的动物用什么工具呢？是用强弓。河姆渡出土了各式各样的箭镞1700件之多，证明这里的人非常善于用弓箭狩猎。如果大家仔细观察出土的鹿标本，会发现它们的下颌骨大多已残缺或破损，这意味着这些鹿确实曾被食用。

除了天上飞的、地上跑的，河姆渡人还捕猎什么呢？

据说鄂伦春族、高山族和黎族等少数民族过去也常用弓箭捕鱼，一般选择在皓月当空之时，这时候照得特别清楚，等鱼儿浮出水面时，人们就举弓射鱼。还有一种办法可能是徒手捕鱼，据说古代彝族男人很善于伏水取鱼。大家可能不相信，在今天的原始民族中，居住在秘鲁亚马孙丛林里的基巴罗部族仍采用徒手捕鱼法。他们通常赤手空拳站在水里，用粗厚的手掌来捉那滑溜溜的鱼。

以上说的主要都是男人们做的事情，那当时的女性怎样寻找食物呢？

她们也没闲着，她们所从事的活动——采集是原始社会最古老的生产活动之一。

在河姆渡遗址有限的发掘面积中，发现了橡子、南酸枣、菱角、槐树子和芡实等，真是多种多样。这些果籽埋藏在地层中不是个别现象，而是成堆成坑出现，所以肯定不是成熟后自然落在地上的，而是由女性们辛辛苦苦采摘收集而来。有的坑里果籽足足能装一筐也还有余，可见野果数量之多。估计这些野果多在秋天成熟时

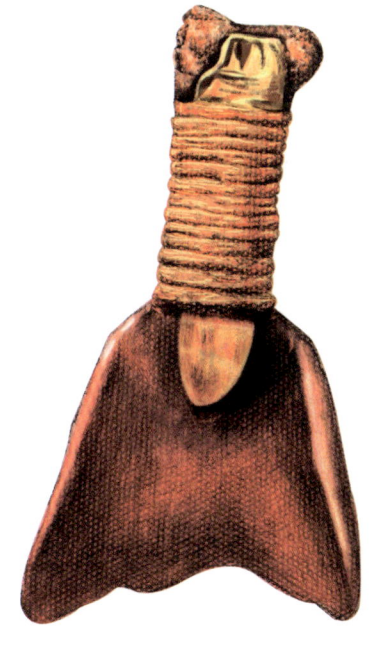

▲河姆渡遗址出土的骨耜

采摘、贮藏，以备冬日之需，补充粮食的不足。

在发掘现场，考古学家们还惊讶地发现了不少香料和药材：赤皮桐、细叶香桂、江浙钓樟、山鸡椒、苦槠、桑科天仙

▲河姆渡遗址

果……这里面很多东西大概你都不知道怎么使用吧。但河姆渡人却已经知道燃樟叶可以驱蚊除秽，被蚊虫叮咬后人的身体奇痒，熬煮樟叶所得的水油相似于现代的风油精，可起到止痒、散毒和消肿的功效。河姆渡处于湿热温润的水网与森林交接地带，可能蚊虫特别多。而枫香树也是一种很好的药材，其叶、根、果也可直接入药，根可祛风湿，叶可疏风解表，还可消炎，果则可通经活络。

说了这么多，有一样南方人吃得最多的食物还没介绍呢——大米。

那时候的人会种稻子吗？一个河姆渡遗址出土的陶盆把答案告诉了大家：陶罐上弯弯的稻穗图案使人想象到，河姆渡时期的人们已经开始了水稻的栽培。而1987年出土的大量稻壳则更坚定了这个答案。据发掘报告说，稻壳的总量达到150吨之多，在已经碳化的稻壳中还可以看到稻米。研究人员分析后确认这是7000年前的稻米。

原来7000年前我们的祖先就开始吃大米了，而且也已经能够很好地通过种植来收获果实。

贯穿中华大地6000千米的第一大河长江，尽管总长超过了黄河，但长江流域诞生的古代文明以前并不为人所知。因为人们一直认为中华文明的发源归根到底还是黄河流域，只有黄河文明才是历史的主流。而河姆渡遗址的发现却改变了只有黄河流域才是中华远古文化摇篮的传统观点，证明了长江流域和黄河流域都是中华民族的发祥地，中华民族文化的起源是多元的。

良渚文化

城墙，在古代人类的发展过程中，是氏族社会和文明社会区别的一个重要标志。

1936年发现于浙江余杭良渚镇的良渚遗址，正是一座四周有着城墙的古城。

良渚文化距离现在已有5300年～4000年，当时中国大地上发现那个时代的古城约有60多座，小的只有10多平方米，大的有280万平方米。

良渚遗址发现的古城有多大呢？根据研究人员对遗址的测量，良渚古城面积达290万平方米，跟北京颐和园差不多大小，是当时最大的。

这座古城大致以良渚遗址区内的莫角山遗址为中心，东西长约160米，南北长约1800米，略呈圆角长方形，是端正的南北方向。

良渚城墙的建造非常考究，一般底部先垫石块，宽度达40米～60米。这宽度是什么概念呢？大家可以对比一下我国目前现存的最完整的古代城垣——明朝洪武年间建造的西安古城墙，它的底也不过宽18米。石块上面堆筑纯净的黄土，非常结实。在良渚遗址，大家现在还可以见到部分地段残留的城墙，有4米多高，可以想象一下这城墙当年是多么宏伟啊！

著名考古学家、北京大学教授严文明这样评价这座古城："这是目前中国所发现同时代古城中最大的一座，称得上是'中华第一城'；它改变了原本以为良渚文化只是一抹文明曙光的认识，标志着良渚文化其实已经进入了成熟的史前文明发展阶段。"

良渚文化作为我国长江下游太湖流域一支重要的古文明，比起河姆渡文化已经有很明显的进步，它是铜石并用时代文化。

▲良渚文化彩陶鼎

在良渚文化中,农业生产变成了填饱肚子的主要方式,历史上那种以捕猎和采摘为主的生活已经渐渐远去了。良渚的居民种的最多的是什么呢?当然是水稻了。而且还不止一个品种,在对钱山漾发现的稻谷进行鉴定后发现,有粳稻和籼稻两种。除了水稻之外,遗址中还发现花生、芝麻、蚕豆、甜瓜等植物种子,看来当时的居民食谱已经相当丰富。

良渚文化还产生了一项河姆渡完全不具有的劳动,是什么呢?就是手工业劳作。良渚文化的手工业已经颇为兴旺,有的还形成了专业性的生产部门。如陶器制作,最先进的是轮制,也就是用陶轮加工陶器。陶轮是一个固定在矗立的短轴上的圆盘,加工时,把和好的泥料放在转动的轮盘上,借助陶轮旋转的力量用手掏料,以提拉的手法制成陶坯。这种方法不仅增加了陶器的生产数量,而且提高了质量,做出来的陶器厚薄均匀,造型规整,很是精美。

▲玉琮

良渚文化的玉器制作在全国同时期的原始文化中也十分突出。玉器不仅种类众多,有珠、管、璧、璜、琮、蝉……而且琢磨精致,纹饰华丽。其中,玉琮个体大,高达18~23厘米,整个形状内圆外方,与古代的天地相通思想相吻合,上面雕刻圆目兽面纹,看起来像是神人像和神兽像合一,可能是当时人们的崇拜对象。整个玉琮工艺精湛,是中国古代玉器中的珍品,因此被誉为"玉琮王"。

▲玉斧

此外,良渚文化的手工纺织业也发展迅速。良渚文化的钱山漾一地出土有绢片、丝带和丝线,这些都是中国远古时代最重要的家蚕丝织物。竹器的编织比较发达,制品中有捕鱼用的"倒梢",有坐卧或建筑上用的竹席,还有篓、篮、谷箩、簸箕、箅等，可以说是广泛地用于生产和生活的方方面面。不仅如此，良渚文化还有桨、槽、盆、杵锤等木器。木桨的使用，说明生活在河道纵横地区的原始居民，已有了舟楫交通工具。

良渚文化在太湖流域的广袤土地上生息、繁衍了一千余年。在充分汲取马家浜文化、崧泽文化的养分后，良渚文化开创了中华五千年文明的绚丽篇章，迎来了堪称该巨变的文明初创时代：犁耕的稻作农业，分工精细而发达的手工业，大规模的营建工程，复杂的社会结构，完备的礼仪制度，以玉器、漆器、黑陶为代表的卓越的艺术成就……

虽然良渚文化仍有许多未解之谜，但数千年前良渚古国的魅力一直令学者和专家们如痴如醉，他们称赞："中华文明的曙光是从良渚升起的！"

大溪文化

1925 年，美国自然博物馆主任纳尔逊率领一支探险队来到瞿塘峡东口的巫山县大溪。一天，他让队员在江边的一片空地上休息，突然，不远处传来女队员的尖叫，他赶过去，发现是一只捣乱的蜘蛛。就在他踩死蜘蛛

▲大溪文化遗址

准备转身离去时,他看见了脚边一块与众不同的长方形"石头",一头厚,另一头略薄,边缘带有人工砍砸的痕迹。他意识到机会来了!

果然,他们在这里发现了更多类似的石器。纳尔逊决定在这里安营扎寨。但他没有料到,半夜过后,大部分队员开始腹泻、呕吐,身上出现不明红斑。有人怀疑是蜘蛛作祟,于是纳尔逊决定暂时从这里撤离三峡。这次发掘出土了一些新石器时代晚期的石器和陶器,他将这些器物与中

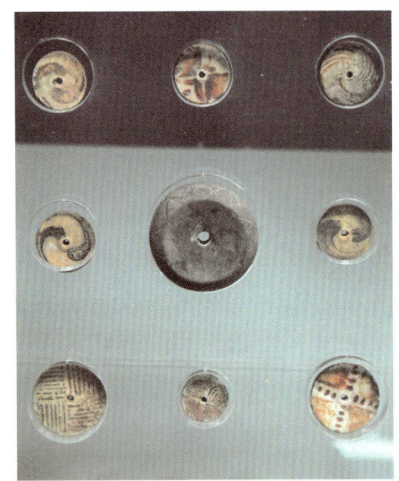

▲陶纺轮

原同期文化的遗存最终对比,进而提出了"大溪文化"的概念。但纳尔逊不久就回国了,大溪再也无人问津,直到1959年,这里迎来了新中国第一批考古工作者。

1959年到1975年的两次发掘中,一共出土了207座有着奇特屈肢葬俗的新石器时代墓葬,"大溪文化"由此名扬世界。

其中的大溪墓地人骨保存较好,是最有代表性的一处。

这个墓地中的死者头向普遍朝南,除个别成年女性和儿童的合葬墓外,绝大多数实行单人葬。大多数墓里有随葬品,最多的达到30余件,有的石镯、象牙镯等饰物,出土时还佩戴在死者臂骨上。而且女性墓一般较男性墓富,看来大溪文化还处在母系社会。在葬式上,大约有一半使用的是屈肢葬俗。

屈肢葬俗还分为仰身葬和侧身葬等。仰身葬就是面容向上,身体平躺,同时以双脚压在髋骨下。也有一些弯曲幅度更大的,尸体用绳子捆住。

通常古人下葬时都是平

▲彩陶罐

放，为什么大溪文化会产生这样奇特的葬式呢？

考古学者猜测可能有两方面原因：一是仿照胎儿在母体中的姿势，回归原始；还有一种可能就是两人死于非命，也许是死于瘟疫，也许是谋杀——当时人们对于这样不明不白的死亡感到很恐怖，认为是恶鬼上身，于是用绳子将尸体捆住，希望把恶鬼绑住。千百年后绳子腐化，人就变成了这样弯曲的样子。

大溪文化中另一样吸引大家眼球的是它的陶器。大溪文化的陶器以红陶为主，普遍涂上红衣，还装饰有花纹，其中最流行的是红陶黑彩，如口索纹、横人字形纹、条带纹和漩涡纹，主要器形有釜、壶、斜沿罐、小口直领罐、盆、豆、钵、圈足碗、筒形瓶、曲腹杯等等，分别满足各种生活的需要。

大溪彩陶纹饰是中国彩陶文化的重要组成部分之一，并且具有独特的艺术性，是此时美术最高水平的代表。

三星堆文化

四川广汉南兴镇北，古老的马牧河蜿蜒淌过，在三星堆村形成一个月牙般的弯道——月亮湾。河南岸是三个起伏相连的黄土堆与之相望，这就是清《嘉庆汉州志》记载的"三星伴月堆"，也就是古蜀先民生息繁衍之地——闻名中外的三星堆遗址。

三星堆遗址为什么这么有名呢？因为它是四川境内迄今为止发现的范围最大、延续时间最长、文化内涵最为丰富的古文化、古城、古国遗址，它位于四川省广汉市城西南兴镇，遗址分布范围达12平方千米。

遗址最早在1929年就曾发现大批精美玉石器，而1986年发掘的两座大型祭祀坑则出土了1000多件美妙绝伦的珍贵文物，引起了世界轰动，是我国"七五"期间十大考古新发现之一，被誉为"世界第九大奇迹"，里面部分文物精品已先后到瑞典、德国、英国、法国、日本、美国等地巡回展出。

三星堆遗址及其出土文物的许多重大学术问题，至今仍是难以解释的千古之谜。虽然专家和学者对其中的"七大千古之谜"争论不休，但终因无确凿证据而成为悬案。

第一谜：三星堆文化来自何方？三星堆出土的大量珍贵文物，将辉煌的古蜀文明真实而又匪夷所思地展现在我们面前。其中最神奇、最令人惊叹的便是众多青铜造像了。这些青铜像铸造精美、形态各异，既有夸张的造型，又有优美细腻的写真，组成了一个千姿百态的神秘群体。这里数量庞大的青铜人像、动物不归属于中原青铜器的任何一类。青铜器上没有留下一个文字，简直让人不可思议。出土的"三星堆人"高鼻深目、颧面突出、阔嘴大耳，耳朵上还有穿孔，不像中国人，倒像是"老外"。

▲青铜人面具

四川省文物考古所三星堆工作站站长陈德安接受记者采访时认为，三星堆人有可能来自其他大陆，三星堆文明可能是"杂交文明"。人们认为三星堆文化是土著文化与外来文化彼此融合的产物，是多种文化交互影响的结果。

第二谜：消失的古国。古蜀国的繁荣持续了1500多年，然后又像它

三 中国第一长河——长江

的出现一样突然地消失了。历史再一次衔接上时，中间已多了2000多年的神秘空白。关于古蜀国的灭亡，人们假想了种种原因，但都因证据不足始终停留在假设上。

第三谜：神秘的器具。三星堆出土的大量青铜器中，基本上没有生活用品，绝大多数是祭祀用品，表明古蜀国的原始宗教体系已比较完整。这些祭祀用品带有不同地域的文化特点，特别是青铜雕像、金杖等，与世界上著名的玛雅文化、古埃及文化非常接近。三星堆博物馆副馆长张继忠认为，大量带有不同地域特征的祭祀用品表明，三星堆曾是世界朝圣中心。

▲青铜神树

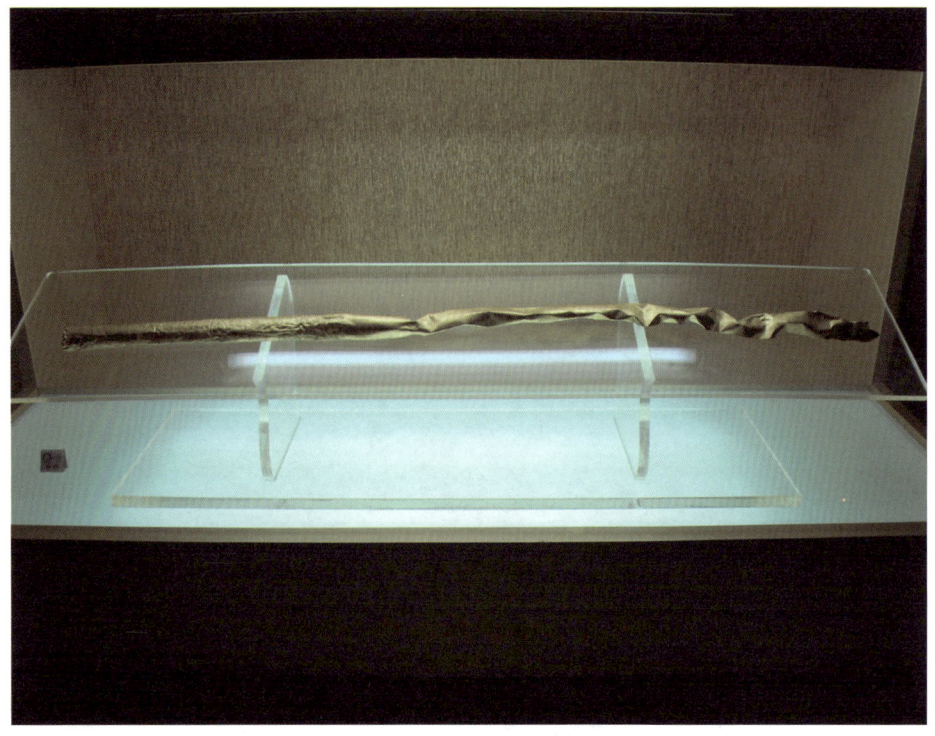

▲黄金手杖

第四谜：文字和图画。在祭祀坑中发现了一件价值连城的瑰宝——世界最早的金杖。其权杖之说早已被学术界认同，但所刻的鱼、箭头等图案却引起了一场风波。

一般认为，一个民族必备的文明要素，三星堆都已具备，但只缺文字。

那么金杖上的图案到底是图案还是文字呢？答案只能是仁者见仁，智者见智。有的研究者相信它们是象形文字，已在试图破译；另一些专家则认为刻画的符号基本上是单个存在，不能表达语言。不过如果有人能解读这些图案，必将极大地促进三星堆之谜的破解。三星堆在文字方面尚存问号，也是它吸引人们的地方之一。

三星堆古遗址被称为20世纪人类最伟大的考古发现之一，昭示了其同长江流域与黄河流域一样同属中华文明的母体，因此被誉为"长江文明之源"。

四 中国的母亲河——黄河

黄河概况

黄河，一个亲切的名字，我们亲爱的母亲河。

如果把祖国比作昂首挺立的雄鸡，黄河便是雄鸡心脏的动脉，见证了中华人民共和国伟大的发展。黄河上千条支流与溪川相连，犹如无数毛细血管，源源不断地为祖国大地输送着活力与生机。

黄河是中国第二长河，位于长江之后，在世界上它排名第五。黄河到底有多长呢？

5464千米。从高空俯瞰，这奔腾的黄河水形成了一个巨大的"几"字，好像是我们民族那独一无二的图腾——龙。黄河在中国北方蜿蜒流淌，经过的流域面积达到752442.76平方千米。

黄河源于青海巴颜喀拉山，干流贯穿九个省、自治区，分别为：青海、四川、甘肃、宁夏、内蒙古、山西、陕西、河南、山东，最后注入渤海。年径流量574亿立方米，平均径流深度79米。沿途汇集有35条主要支流，较大的支流在上游，有湟水、洮河，在中游有清水河、汾河、渭河、沁河，下游有伊河、洛河。由于黄河两岸缺乏湖泊，而且河床较高，流入黄河的河流很少，因此黄河下游流域面积很小。

黄河自古以来就是多泥沙河流，看看历史上是怎么说的吧。

公元前4世纪，黄河下游因为河水浑浊，得到了"浊河"这个名字。1世纪初的时候，人们说黄河的河水重浊，达到什么程度呢？书上记载，如果舀起一石水，里面大概有六斗是泥沙。唐宋以后，黄河的泥沙有增无减。如今这些泥沙中的一部分堆积在下游河床上，日积月累，河床淤高，全靠堤防约束，时间一长便形成悬河。目前，黄河是世界上含沙量最多的河流。

黄河上游、中游的情况各不相同。

内蒙古托克托县河口镇以上的黄河河段为黄河上游。充满活力的上游河段被称为黄河水力资源的"富矿区"。其中，从龙羊峡至青铜峡河段，川峡相间，河床落差大，蕴藏着丰富的水力资源。宁夏的宁夏平原和内蒙古的河套平原因为处在黄河上游的河谷地带，水源丰沛，灌溉便利，农业发达，水草丰富，因此被称为"塞上江南"。在温柔缠绵的宁蒙河段，黄河水平静地流淌着，灌溉着两岸的农田，造福当地的人民。难怪有"天下黄河富宁夏"

和"黄河百害,唯富一套"的说法。

内蒙古托克托县河口镇至河南孟津的黄河河段为黄河中游。黄河在这里劈开万仞山,势如破竹,形成了黄河上最长的一段连续峡谷河段。在这一河段有两个地方特别著名,大家应该都听说过。

一个是壶口瀑布,黄河在这里以雷霆万钧之势奔腾而来,咆哮而去。壶口瀑布既是黄河的象征,更是中华民族不惧艰险、勇于开拓的精神的象征。

风在吼,马在啸,黄河在咆哮,黄河在咆哮……这雄壮的歌声唱出了黄河的风采,更唱出了中华民族的战无不胜、奋发图强的英雄气概。

另一个是龙门,"鲤鱼跳龙门"的故事就源于此。这里水流湍急,相传鲤鱼如果能跳过龙门就可成龙。这个传说表达了人们对付出艰苦努力后能够到达理想境界的美好愿望,也激励着中华儿女顽强拼搏、奋斗不息。相传这里是大禹治水所凿开的一条峡口,因而又称禹门口。

河南孟津以下的黄河河段为黄河下游,黄河流到这里就没有上游那么温柔和善了。历史上,下游河段决口泛滥频繁,给中华民族带来了沉重的灾难。

黄河下游河段发生过多少次决口呢?据历史记载,在1946年前的三四千年间,黄河下游决口泛滥1593次,也就是说下游地区的人们平均每两三年就会遭遇决口。洪水遍及范围北至海河,南达淮河,纵横25万平方千米,对中国黄淮海平原的地理环境影响巨大。黄河的泛滥甚至改变了黄河本身的位置,它曾经因此改道26次。

除了水患,黄河下游还有凌汛的危险。因为黄河下游的水是由西南向东北流动,到了冬季,上游的河水还在流淌,下游北部的河段却已经先行结冰,从而形成凌汛。这样很容易导致冰坝堵塞,造成堤防决溢,威胁人们的生活和安全。

尽管如此,黄河作为中华文化的孕育者,仍是我们不折不扣的母亲河。

从中石器时代起,黄河流域就成了我国远古文化的发展中心。燧人氏、伏羲氏、神农氏创造发明了人工取火技术、原始畜牧业和原始农业,他们拉开了黄河文明发展的序幕。

历史上,黄河流域曾经长时期作为中国的政治、经济和文化中心,是中华文化的摇篮。这摇篮应该追溯到什么时候呢?

最早是在150万年前,西侯度猿人在今山西省黄河边的芮城县境内出现;其后,100万年前的蓝田猿人和30万年前的大荔猿人在黄河岸边捕鱼狩猎，生活繁衍，继续为黄河文明的诞生默默耕耘。然后就像是火炬接力一般，7万年前的山西襄汾丁村早期智人、3万年前的内蒙古乌审旗大沟湾晚期智人奏响了古老黄河文明的序曲。更近的是，距今10000年~7000年的细石器文化遗址、7000年~3700年的新石器文化遗址、3700年~2700年的青铜器文化遗址和出现于公元前770年的铁器文化遗址等，它们几乎遍布黄河流域。

如果那些年代太遥远，显得有些生疏，那么来看看离我们更近的时代吧。

秦皇汉武、唐宗宋祖、一代天骄成吉思汗，这些帝王统领着中华民族，把古代黄河文明推向了令世界瞩目的辉煌顶峰。火药、指南针、造纸、印刷术、唐诗、宋词、元曲，这一个一个都是黄河文明中闪闪发光的瑰宝。艺术和科学的成就不仅推动了中国的发展，而且传播到世界各地，促进了全人类的进步。

黄河、黄土地、黄皮肤，以及传说中的中国龙，这一切黄色表征，把这条流经中华心脏地区的河流升华为圣河。

知识链接

"揭河底"现象是黄河独有的一种泥沙运动规律，主要发生在黄河小北干流的龙门及支流渭河河段，其表现是当高含沙的洪峰通过时，短期内河床会遭受剧烈的冲刷，河底成块、成片的淤积物将被卷起，然后被水流冲散带走。这样强烈的冲刷，在几小时至几十小时内能将该段河床冲深几米至十几米。因为"揭河底"现象的形成条件比较特殊，因此被称为黄河百年奇观。

▼黄河

黄河文明

人类的祖先——世纪曙猿

人们都知道，人是由猿进化而来的。

但是，人和猿共同的始祖又源自何处呢？

关于这个问题，世界考古学界众说纷纭，有人说欧洲，有人说非洲，莫衷一是。然而，20世纪90年代，在运城市垣曲县发现的"曙猿化石"却表明，运城极有可能是人类真正的故乡。

这还得从1994年说起，那一年，中国科学院古脊椎动物与古人类研究所的科研人员，在垣曲县寨里村发现了世界上最早的具有高等灵长类动物特征的曙猿化石。1995年5月，在垣曲县又发掘出一对曙猿下牙床，上面几乎完整地保留了所有的牙齿，这是世界上迄今为止发现的最完整的有关曙猿的生理材料。

科学家们研究发现，曙猿下颌联合部是陡峭的。也许大家会问，这有什么特别吗？在当时，这个消息立刻使世界考古界沸腾起来，要知道这可是高级灵长类的重要特征啊！

美国权威学术期刊《科学》杂志及时向世界公布了这一消息，说来也巧，在中国的这次重大发现，恰好遇上美国卡奈基博物馆建馆100周年，为了纪念自然科学领域这双重盛事，中美科学家一致决定把在垣曲发现的这种曙猿取名为"世纪曙猿"。

曙猿到底是什么样的物种呢？

曙猿的意思是"类人猿亚目黎明时的曙光"，也就是说它是目前发现的最古老的猿。

在距今4500万年前，曙猿住在热带亚热带地区温暖湿润的林地里。它们喜欢在树上用四足行走，经常顽皮地在树枝间上窜下跳。它们一点也不挑食，食谱广泛，既能抓食虫子，也能剥吃树果。

它是人类迄今为止已经发现的最小的灵长类动物，也是低等灵长类动物向类人猿进化的过渡阶段，兼具二者的部分特征。首先在长相上，它们有许多高等灵长类动物的特征：门齿小、犬齿大、下额角圆、下巴前缘直立等。其次在行动上，它们不仅有跳跃和攀爬垂直树干的能力，而且已经能够在树枝端部用四足灵活行走，就像现在高级灵长类家族中的猴类一样

▲从猿人到人类的进化

曙猿是目前发现的最古老的类人猿。可以说是这个发现改变了历史。

在此之前，由于人类化石不断出土，人类摇篮说曾摇摆于各大洲。1856年和1907年，分别在德国发现的尼安德物人和海德堡人使人类摇篮欧洲说风行于世。上世纪60年代，考古人员在非洲发现了以埃及法尤姆人为代表的大量的早期高等灵长类动物化石后，非洲说又占了上风。

而现在"世纪曙猿"被认为是迄今为止地球上发现最早的、包括人类在内的高等灵长类动物的祖先。英国权威科学期刊《自然》上发表的论文也确认了这一点。因此中国很可能就是包括人类在内的高等灵长类动物的发祥地，垣曲则成为最早的人类发源地。

这一发现不仅表明曙猿是一个十分原始的灵长类家族的成员，而且有助于解决一个长期争论的问题：在灵长类动物家族中，类人猿动物的世系源自何处？

专家相信，山西垣曲"世纪曙猿"的发现推翻了"人类起源于非洲"的论断，同时也把类人猿出现的时间向前推进了1000万年。

西侯度——点燃天下的一把火

今天,大家对于生活中随处可见的"火"早就习以为常,这或许会使我们忽略在人类历史发展中的"火"的使用,这绝对是一项划时代的创举,大大加快了人类进化的步伐。

大家知不知道人类是怎么学会使用火的呢?

人类用火,始于山西省运城市芮城县183万年前的西侯度人。大家对西侯度都很陌生,它是个地名,位于山西省西南角黄河拐弯处的晋、陕、豫三省交界地带。

在原始社会时期,黄河大拐弯处的古河东地区,气候温润,水草丰富,树高林密,动物成群。那时,我们的祖先还不知道用火,因此在那里过着茹毛饮血的生活。

一天,一场偶然的雷火引燃了大片森林,成群的动物四处奔逃,有的丧

▲人类使用火

生火海,有的逃往远方。大火过后,幸存下来的先民们失去了食物来源,生存受到了严重威胁。无奈之下,他们只好在灰烬中寻找被火烧过的动物肉和植物果实来填饱肚子。然而他们却惊喜地发现,被烧烤过的食物与以往所吃的食物截然不同,不仅味道鲜美,而且容易咀嚼。

古代人类是非常善于从自然中学习的。先民们观察到,火虽然可怕,但可以烧熟食物,还能照明、驱寒,因此他们就有意识地采集火种,并尝试使用火来烧煮食物。这对人类体质和大脑的发育起到了至关重要的作用。

我们的祖先正是从大自然的恩赐中才发现了火,认识了火,学到了用火和吃熟食的本领。从最初小心翼翼地保存自然火种到若干万年后发明钻木取火、撞击燧石取火,我们的祖先开创了中华民族取火、用火的先河。

考古学用实物证明了我国古代人类的智慧。

在运城市西侯度文化遗址考察时,考古学者在约50多米厚的沙砾层中发掘出了中国长鼻三趾马、山西披毛犀、纳马象等20多种已绝种的古生物化石,其中呈灰、黑、灰绿色的哺乳动物筋骨、鹿角和马牙,与北京人遗址中发掘的被烧过的动物骨头和牙齿没什么两样。经过化验证明,这些动物遗骨的确是被火烧过的,这就是闻名遐迩的"烧骨"。

经过测定,西侯度文化遗址距今至少在183万年以上。所以,学术界认为西侯度人点燃了人类第一把文明圣火,开创了人类的用火史,可以称得上是"人类烹调之祖"。这一发现,把人类用火的时间向前推进了100多万年,堪称西侯度人对人类的巨大贡献。

▲早期人类用火痕迹

火,给人类带来了熟食、光明和温暖;用火,大大加快了原始人类进化的步伐;人工取火,则标志着人类第一次掌握了改变物质世界的强大力量,使人类文明实现了重大飞跃。

正是由于发现和使用了火,我们的原始先民们才逐步具备了全天候的活动能力和顽强的生存能力。难怪《世界史》中评价说:"火是一切发现中最伟大的发现,它使人类能够生存于不同的气候中,造出众多的食物并迫使自然力为人们工作。"

火是一把双刃剑,既给人类带来福祉,却常常引发灾难。用火之利,防火之害,遂成为人类一种永恒的追求。远古时期的人们对火的敬畏逐渐衍生为对火神的崇拜。远在氏族社会时期,就出现了专门祭祀火神的场所。当人类进入家庭生活阶段后,炉灶之火便被演化成火神的象征。时至今日,在运城及其他一些地方,人们还保留着每年腊月二十三晚上祭祀灶神的习俗。

从远古到现在,从地面到天空,炎黄子孙们将中华圣火演绎得淋漓尽致。可以说,人类文明的演进史就是一部照耀全球的火文化的发展史。

半坡遗址

我国第一座史前遗址博物馆是在 1958 年建立的，地址在西安市东郊约 6000 米的半坡村，它所展示的就是半坡文化遗址。

半坡遗址所揭示的人类生活，距离现在已经有 5600 年~6700 年，那时正是典型的新石器时代。半坡遗址是中国首次大规模发掘的新石器时代聚落遗址，也是黄河流域规模最大、保存最完整的原始社会母系氏族村落遗址。

半坡遗址的发现也是巧合，缘于 1953 年春在灞桥火力发电厂施工中的偶然。或许考古发现工作永远是有那么一点"有心栽花花不开，无心插柳柳成荫"的意思。

大家如果去半坡遗址博物馆，在 3000 平方米的遗址大厅中可以很清楚地看见，半坡遗址分为居住、制陶、墓葬三个区。

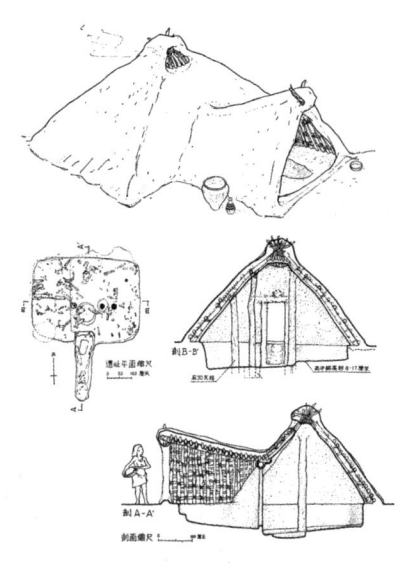

▲圆角方形平面半穴居复原图

居住区是村落的主体。遗址中共有房屋遗迹 46 座。房屋的形式有圆形和方形两种，建筑结构主要分为半穴居和地面木架建筑两类。这种建筑分别是不同时期建造的：早期的时候，建筑大多是半穴式，顾名思义，就是屋子一半在地下，以坑壁为墙，露出地面的一半盖上了屋顶。这种房屋住着并不舒服，既低矮又潮湿。到了原始社会晚期，人们学会了在地面上砌墙，并用木柱支撑屋顶，这在当时可算是了不起的壮举！这种直立的墙体和带有倾斜的屋面，后来成为我国传统房屋建筑的基本模式。

这些房屋布局合理，在村落中心有一座规模很大的长方形房屋，那是供氏族成员共同活动的场所；其他小型房屋则环置周围，应是氏族成员的住处。在居住区内，还发现 200 多个窖穴和房屋交错在一起，它是用来储藏

▲半坡遗址

食物和用具的。

从遗址中还可以看到一条长 300 多米、深约 5 米、宽约 6 米的大鸿沟，这是护卫村落不受外来部落的侵犯、防止野兽突然袭击的防御工事。

大鸿沟外的北边是公共墓地，东边是制陶作坊窑址群。

烧制陶器的窑址数下来一共有 6 座，分布的很集中，有竖穴式和横穴式，不过每件窑室都比较小，直径只有 1 米左右。当年的人们在窑室中劳作是怎样的一番情形，现在恐怕已经很难得知。但从出土的陶制物品中，我们仍可以感觉到当时人们的勤劳和灵巧。

遗址中陶器数量很多，仅完整和能够复原的就有近千件。这些陶器的种类很多，有钵、碗、盆、壶、杯、盘、罐、缸、釜、瓮等等，涉及生活的方方面面。颜色以红色为主，大多绘有丰富的图案，有的陶钵口沿上刻有符号，约二三十种，可能是中国原始文字的起源。

参观这部分的时候，大家是不是注意到了那个人面鱼纹图案，那是半坡彩陶器的典型作品，线条明快，人头像的头顶有三角形的发髻，两边的嘴角各衔一条小鱼，表现出半坡人和鱼之间的密切关系和特殊的感情，可能是半坡氏族崇奉的图腾。

四 中国的母亲河——黄河

▲尖底瓶

半坡还出土了一件很特别的陶器——尖底瓶，它是巧妙运用重心原理的一种汲水器。具体方法是在双耳上系上绳子，由于水的浮力，瓶子一接触水面就自动倾斜，灌满水后又因为重心移动而自然竖起。用它盛水还有两大原因：一是便于用手提与用肩背；二是口小，灌满水后，从河边到居住区的路上水不容易漫出。

遗址中可以见到公共墓地。其中，半坡小孩实行瓮棺葬。

什么是瓮棺葬呢？在当时，小孩子死后，大人先在房屋附近地上挖个坑，放个大陶瓮或罐，把小孩尸体放在里面，上面盖个陶钵或陶盆，并在当中凿个洞，可能是供死者灵魂出入的通道。较大的孩子则用两个陶瓮对起来埋。孩子埋葬在房屋附近，这充分表达了父母对子女的眷恋之情。半坡出土的小孩瓮棺共有73个。由于当时自然条件很差，人们的生活十分艰苦，加之疾病流行，所以小孩死亡率很高。

这些使用过的窖穴、陶窑、墓葬等先民遗迹，还有各种生产及生活用品遗物，生动而具体地展现了6000多年前处于母系氏族社会繁荣时期的先民生产与生活的情况，也展现了我们祖先开拓史前文明的艰难过程。

珍藏中国 中国的江河

大汶口文化

大汶口文化是分布在我国黄河下游和江淮地区的一种原始文化。

1959年，在山东泰安、宁阳两县交界的大汶口、堡头遗址，发掘了成百座墓葬，出土了大批独具风格的文物。自此以后，同一类型的文化遗址和墓葬在山东和苏北的广大区域也不断被发现，因首先发现于大汶口，于是人们把以大汶口遗址为代表的文化遗存，命名为"大汶口文化"。

大汶口文化跟之前介绍的文化有什么不同呢？最大的不同是社会类型，大汶口文化的时间大约在公元前4300年～前2500年，也就是新石器时代的后期，该时期开始或已经进入父系氏族社会。

▲ 白陶鬹

为什么这样说呢？因为在出土的墓葬中，大家会发现男女的陪葬品区别很大。男性一般是石铲、石斧、石锛这样的生产工具，而女性的陪葬品则是纺轮。不难想象，社会生产的主要劳动者的性别已经发生了很大的变化，男性已经成为社会生产，特别是农业生产的主要担当者，而妇女则从事纺织等家内劳动。延续数千年的男耕女织的传统生活模式从这一刻开始发芽。

另外一个证明是当时墓葬的方式。在大汶口文化的后期墓葬中，出现了夫妻合葬和夫妻带小孩的合葬。这说明过去只知其母不知其父的母系社会已经结束，开始或已经进入了父系氏族社会。

不仅如此，在大汶口文化晚期，社会出现了另一种新的体制。当时的

四　中国的母亲河——黄河

人不会知道,这种体制此后将在整个人类社会中扮演极为重要而复杂的角色,并且延续千百年而经久不衰。

这种新的体制就是私有制。私有制是伴随生产的发展而自然出现的。以家猪为例,在那个时候,猪也算是一个家庭的重要财产了。在一些大汶口墓葬的陪葬品有很多猪头和猪的下颚骨,这说明墓主人生前应该有不少的家猪,那属于他的私有财产。

私有制的产生和发展必然导致贫富两极分化,在氏族内部出现富有者和贫穷者。大汶口文化中晚期的墓葬,清楚地反映了这种演变。

从墓的规模来看,有大墓和小墓的差别。从陪葬品来看,差别就更加悬殊啦。大家不妨来看看以下两组墓葬的对比:一组七个墓,陪葬品比较丰富,最多的达77件,最少的也有19件,都包括陶器、玉石器、猪头等;另一组四个墓,陪葬品很贫乏,四个墓加起来总共只有17件,比上一组最少的那个墓还要少,而且根本没有玉器,主要是陶器、纺轮、獐牙等。可见当时贫富分化已经很显著。

除了社会体制的巨大变化,大汶口的文化艺术有什么新成就呢?

在大汶口出土的陶器中,已经有了较为纯粹的黑陶和白陶,这是在它文化晚期的制陶业中出现的两个新品种。黑陶的出现要归功于高温下严密封窑的技术,它使陶土中的铁元素得以还原,如果事先在陶土中掺上一些碳,烧出来的就是黑陶了。白陶则是用高岭土制造,制造时努力保持陶土的纯洁,

▲大汶口遗址

因而烧成了白色。白陶的出现有重大的意义,它为以后瓷器的制作奠定了技术基础,并且有的白陶上还有图案。

当时制陶业的进步还体现在制陶方法的改进上。那时的陶器已使用快转陶车来制作。陶车由轮盘和轮轴组成,快转陶车就是由两人配合起来制陶。使用的时候是这样的:一个人负责转动轮盘,保证它急速旋转,另一人就借助陶轮转动形成的离心力,再配以双手灵巧的动作,将陶土塑成需要的器皿。用快转陶车制坯,数量又多,质量

▲灰陶镂空器座

又好。另外,烧制技术也有提高,人们在长期的探索和经验积累中,逐步进行改进,扩大了窑室,缩小了火口,增加了火道支道和窑箅箅孔的数量,使热力分布更加均匀。

大汶口文化的发现为山东地区的龙山文化找到了渊源,也为研究黄淮流域及山东、江浙沿海地区原始文化提供了重要线索。同时,也使黄河下游原始文化的历史由4000多年前的龙山文化向前推进了2000多年。

龙山文化

1972年的时候发生过这样一件事：当年美国总统尼克松首次访华时，一踏上中国大陆，还没有谈政治大事就提出想看一看中国的一件文物。

尼克松总统想看的是什么呢？竟然是龙山文化中的黑陶蛋壳杯。

一个国家元首为何对小小的黑陶杯有这样大的兴趣呢？据说，在国外流传着这样一句话："摸一摸黑陶蛋壳杯，就能长生不老。"

我国古代的黑陶工艺精美，黑如漆，亮如镜，声如磬，硬如瓷，而且还能像蛋壳一样薄。将这一远古的神奇工艺再次呈现在阳光下，现代人的目光被紧紧吸引，不禁感叹："这真是'四千年地球文明最精致的代表'！"

皇华镇呈子遗址出土的黑陶艺术品——蛋壳杯杯壁只有0.5毫米厚，重量只有50克左右，是黑陶中的极品。

不要说是4000多年前的古人，就是今天想要烧制出这样成色的陶器都非常困难。我们的祖先又是如何创造出这令现代文明都无法企及的成就呢？更令人迷惑不解的是，这种高超的制陶工艺又为何神秘地失踪长达4000多年呢？

黑陶的独特工艺及其神秘的历史决定了它作为民族瑰宝的地位，也正因为黑陶的发现，考古学上又增添了一个令国人自豪的断代专业术语——龙山文化。

跟之前介绍的文化遗址不同，龙山文化在国内不止一处，它泛指中国黄河地区新石器时代晚期的一类文化遗存，因首次发现于山东历城龙山镇而得名，距今约4350~3950年。

最早被发现的是山东省章丘县龙山镇的城子崖遗址，考古学家吴金鼎在那里发现了带黑色光泽的陶片，这引起了考古专家们的高度重视。在此之后，考古学家们先后对城子崖遗址进行多次发掘，取得了一批以精美的磨光黑陶为显著特征的文化遗存。根据这些发现，考

▲蛋壳黑陶杯

古学家们就把这种以黑陶为主要特征的文化遗存命名为"龙山文化"。

所以,如果大家听说"河南龙山文化""陕西龙山文化""山西陶寺类型龙山文化",千万不要以为它们是山寨,它们的文化系别不尽相同,但因为"黑陶"这个共同点,都分享一个共同的名字——龙山文化。

根据史料记载和考古专家们的考证得知,龙山文化的发展与我国古代一位著名的帝王有重要联系,是谁呢?他就是大名鼎鼎的舜。根据《史记》记载,舜是一位制陶专家,他在制陶方面有独特的创造,对黑陶的发展产生了深远的影响。

在龙山文化中还意外发现了残铜片,这说明当时人们已经掌握了冶炼铜的技术,并且还能制作成器物。

这代表什么呢?这是一个关键的线索,说明当时社会正处在新石器时代晚期,并且正在跨入新的时代——青铜时代。舜正是生活在那个时代,舜的时代也就是龙山文化的鼎盛时期。

在此之前,中国出土的古陶器大都是含沙量极高的彩陶和红陶,而以河泥为原料的黑陶可以说是4000多年前东夷民族所独有的创造。现在大家欣喜地发现龙山文化的黑陶不仅数量多,而且更精致。尤其是一种素面磨光的黑陶,胎体薄而均匀,颜色光亮如漆,有的就像蛋壳那么薄,被赞为"蛋壳黑陶"。

黑陶为什么会呈现黑色呢?这需要在烧成后将窑停火封门,在窑顶孔上浇水,让燃料中的碳素与蒸气结合渗入胎体,便产生出黑色。黑陶虽然朴素无华,不加装饰或只有简单纹路,但想要制出一件美观典雅的精美黑陶可是要下一番工夫。要薄制,要掌握火候,要打磨,一系列的灵巧劳作才能换来那深海一般的黑色光泽。

▲黑陶罐

黑陶制作工艺在龙山文化时期并没有延续下去,对于失传之谜,专家们众说不一。有学者则认为,一种工艺发展到极致的时候必然衰亡。更多的人认为,黑陶制作工艺繁琐复杂,难度很大,属于和平盛世的一种奢侈品,一经战乱或天灾,就很难保留。

河东——华夏文明的摇篮

我们的华夏文明与河东有着割舍不断的联系。河东地区是中国原始人类聚居的集中场所,是中华民族的摇篮,是文明起源的中心,是上下五千年古老的中华文化的"根"所在。

那么,河东到底在哪里呢?

在秦代以前,河东只是一个地理名称,指的是现在山西南部黄河以东地区;到了秦代,河东是三十六郡之一,有了行政区划的含义;唐宋之后,行政名称多有变化,但地点主要都在山西的南边。

为什么叫河东呢?因为从地图上看,黄河流过山西省的西南,也就是说山西在黄河以东,所以把这块地方称为河东。元代以后,由于治理乏力,黄河时常泛滥,河道在两岸之间变来变去,于是有了那句著名的谚语——三十年河东,三十年河西。

传说中,古代三位帝王的都城——尧都平阳、舜都蒲坂、禹都安邑都在河东这块土地上。有学者认为,"中国"这个词最初指的就是河东地区,因为河东是帝王所在的都城,帝王住的地方为中,所以叫中国。

▲尧禅位于舜

大家一定都听说过尧、舜、禹,他们是黄帝以后黄河流域部落联盟的杰出首领。统治时期,他们上承"炎黄",下启夏、商、周三朝代,是都市文化蓬勃发展的时期,为我国早期国家的形成奠定了坚实的基础,也是中华民族的历史转折时期。

这个转折具体指什么呢?

在尧、舜、禹的时代,部落联盟首领由推选产生。尧年老了,召开部落联盟会议,大家推举有才德的舜为继承人。待尧死后,舜便继承尧的位置。舜年老了,也采取同样的方法把位置让给治水有功的禹。这种更替首领位置的方法,历史上叫做"禅让制"。大禹死后,他的儿子启打破了传统的禅让制,建立起王位世袭制。从此,我国的历史由部落联盟制向"子继父业"的"家天下"奴隶制转变。

在河东地区,有一颗历史悠久的璀璨明珠——运城盐池。

我国用盐的历史就是从山西省运城市开始的,而运城盐湖是我们祖先开发最早的盐湖。据史料记载,5000多年前,我们的祖先就在运城盐湖发现并食用盐。以此为分界线,中国上古时期的人们结束了茹毛饮血的生活,进化到了一个新的阶段。

运城是全国唯一一个因为盐运而设置的城市。大家去盐城,还可以见到数千年前流传下来的铲盐工艺和技术,可以在盐湖具有防洪和防盗功能的古禁墙遗址边散步,可以欣赏独具风格的唐代建筑——盐池神庙,也可以让当地人给你讲一讲盐政和盐运的变迁。几千年来,运城深深地打下了盐的烙印,积淀了深厚的盐文化底蕴,这个城市的每一个角落都留下了盐的痕迹。

运城的盐湖东西长,南北窄,四周高,中间低,看起来像是个古元宝。132平方千米的盐湖也的确是个宝贝,湖面烟波浩渺,硝田纵横如织,远远望去像是一池美丽的白雪。它与美国犹他州澳格丁盐湖、俄罗斯西伯利亚库楚克盐湖并称为世界三大硫酸钠型内陆盐湖。

盐湖是怎么形成的呢?

在百里盐滩上,流传着许多想象丰富的神话。如神牛造城池,说的是这样一个故事:很久很久以前,无论是在天宫,还是在人间,盐都非常稀

四 中国的母亲河——黄河

▲山西省运城盐湖"硝淞"景观

缺、昂贵。天宫里有一头神牛,把玉皇大帝的盐偷吃了,玉皇大帝知道以后,大发雷霆,把神牛贬到人间,让牛受苦受难。神牛来到人世间,先后去过中原大地、江南水乡、塞外高原,想寻找一个地方为人类造一个盐池,但是它美好的愿望却得不到人们的理解,因而到处碰壁。那里的农夫、渔夫、牧民,都不愿意让它占据他们的农田、湖泊或牧场来造盐池。后来,神牛来到了黄河之滨的中条山下,这里的山民对它十分欢迎,愿意让它落脚。于是,神牛就卧在中条山下,躯体化成了一个盐湖。像希腊神话中的天神普罗米修斯从天堂盗得火种带到人间造福人类一样,神牛将盐从天宫带到了人间,用自我牺牲来造福人类。

河东地区名臣良将辈出。战国时代著名的政治家张仪、名将李牧,汉代名将卫青、霍去病、霍光,三国时期名将关羽、张辽,唐代名将尉迟恭、薛仁贵,宋代宰相司马光、名将狄青,明代重臣王琼,清代第一廉吏于成龙……数不清的重要历史都在这里呱呱落地,为历史填上自己浓重的一笔。

斗转星移,几度春秋,作为华夏文明重要组成部分的河东文明经历了蓬勃的发展时期,并将继续着它对中华民族的贡献。

黄河文明的核心——河洛文化

大禹之后，夏族东进，都城由河东迁往河洛，开创了黄河文明。

河洛，指的是今天河南省的西部地区。河洛地区在早期的发展中，依靠得天独厚的地理条件，融汇四方，善于吸收周围地区文化的精华，起到了文化熔炉的作用，最终成为诞生文明的地方。

我们都自豪地称自己为"炎黄子孙"，炎黄与河洛有什么关系呢？走进深邃的历史，凝眸河洛文化，我们就会发现以洛阳为中心的河洛地区是炎黄二帝的主要活动区域，是炎黄文化的兴起之地。

河洛地区的先民们创造的河洛文化是以中原文化为代表的黄河文明的核心和发祥地，是数千年来的中国传统文化的主体。

河洛文化最著名的是什么？大家有没有听过河图与洛书。传说中，河图是由龙马背负出黄河的，所以又叫"龙图"。洛书是由神龟背负出洛水的，

▲河南巩义，河洛汇流

四　中国的母亲河——黄河

所以又叫"龟书"。河图上，排列成数阵的黑点和白点蕴藏着无穷的奥秘；洛书上，纵、横、斜三条线上的三个数字，其和皆等于15，十分奇妙。

为什么河图洛书这么有名呢？据传黄帝体察民情，亲自劳动，受到人民的爱戴，同时也感动了天神，于是风调雨顺，五谷丰登，人民安居乐业。一天，天神告诉黄帝，洛水里有河图洛书，你如果得到它，将会把天下治理得更好，于是黄帝便带领众头领巡游于洛水之上。有一天，正好是大雾，大家隐约看见一条大鱼被困于河

▲根在河洛

滩上，黄帝非常同情这条大鱼，但又想不出什么好的解决方法，便命人杀五牲、祭天帝，并亲自跪下向天帝求助。天帝感动，连下大雨七天七夜，致使洛水暴涨，大鱼得以解救。大鱼走后，黄帝在洛水岸边得到了河图洛书，上面用象形文字记载着人类所需的各种知识。

河图洛书是中国历史文化的渊源，它孕育了后来的文字，引导人类进入文明时代。

另外，太极图也与河洛文化密切相关。太极图来自河洛交汇的自然现象，大家不觉得太极图很像是河流交汇形成的漩涡吗？正是通过这个自然现象才触发灵感，伏羲才创造出太极和八卦。

在历史上，河洛地区还是我国农耕文化的中心区域，是农业经济基础最为雄厚的地区。考古学的一系列发现都证明，在河洛地区，农业生产工具由厚重粗糙变得越来越精细，粮食作物的种类和种植范围也逐渐增加、扩大。这对河洛文化产生了巨大的影响，有些观念现在仍然存在，如对农

业丰收的祈求、对农业的依赖而产生的安土重迁的观念。

▲河图洛书

　　黄帝以后，河洛文化连绵不断，成为一种源文化、母文化。先秦时期，老子、庄子、墨子、商鞅、韩非、苏秦等河洛人士著书讲学，形成了"百家争鸣"的局面。此后，河洛地区又成为汉代经学、魏晋玄学、隋唐佛学、宋明理学的发源地。

　　河洛文化的研究对凝聚世界华人也有着独特作用。当今，在中华民族100个世族大姓中，有73个姓都源于中原。当年的河洛人现在都在哪儿呢？让我们来看看。

　　河洛人向南迁移，在赣、闽、粤交界的地区生活，就形成了"客家人"。而其中一部分闽南人、客家人则到港澳台和国外谋生。至今在台湾，仍有一部分人认为河洛地区是他们的祖籍地，自称"河洛郎"。

　　古诗云："若问古今兴废事，请君只看洛阳城。"

　　河洛文化在中国历史上的地位是独一无二的，它是华夏文明最早的源头之一，是中华文明的重要组成部分。特殊的地理位置和十三朝古都的历史条件，使河洛文化在中华文化发展过程中长期处于核心地位。

黄河岸边的移民文化——走西口

哥哥你走西口，小妹妹我实在难留，
手拉着哥哥的手，送哥送到大门口。
哥哥你走西口，小妹妹我苦在心头，
这一走要去多少时候，盼你也要白了头。
紧紧地拉着哥哥的袖，汪汪的泪水肚里流，
只恨妹妹我不能跟你一起走，只盼哥哥你早回家门口。
紧紧地拉住哥哥的袖，汪汪的泪水肚里流，虽有千言万语难叫你回头，只盼哥哥你早回家门口。

好一首震撼的"离歌"！山西河曲民歌《走西口》道出了一对新婚夫妇生离死别的悲苦，也道明了近代山西人出外谋生的艰辛。它的背后有着深刻的社会、历史、自然、地理原因。

山西北部土地贫瘠，生存环境恶劣，所以历史上的山西一直有不少人外出谋生。如果再遇上严重的旱灾，有的地方甚至连一滴雨都没有，大量流离失所的人们只有选择"走西口"。

其实西口就是山西省北部的各个长城关口，走出这些隘口，便是广袤无垠的内蒙古、青海、新疆、关东地区，那里就是山西人走西口的目的地。

几百年来，因这一特殊历史现象而诞生的民歌《走西口》流传于山西、陕西、内蒙、河北、青海、宁夏和甘肃等地，被称之为"天下黄河第一曲"。《走西口》唱尽了山西人的苍凉、离别、痛苦和

▲山西西口古渡

无奈,咆哮黄河水,带着那苦涩的泪水和心滴的血,一路呜咽向远方。歌声也使黄土高原上的女人们变成一座座泥塑木雕,望穿秋水,望断天涯路。

走西口是中国近代史上最著名的三次人口迁徙之一,从明朝中期至民国初年的400年中,无数山西人背井离乡,这是对命运的挑战,也是对新环境的开拓。走西口固然艰辛,可是勤劳智慧的人们走出了一片新天地,正是他们打通了中原腹地与内蒙古草原的经济和文化通道,开启了"海内最富"的辉煌时代。

走西口是一部辛酸的移民史,也是一部艰苦奋斗的创业史。

一批又一批移民背井离乡,北上口外,艰苦创业,开发了内蒙古地区。更重要的是,他们给处于落后游牧状态的内蒙古中西部带去了先进的农耕文化,使当地的整个文化风貌发生了根本的改变。

人口的流动带动了文化的传播,而文化的传播又拉近了地区间的距离,增强了它们的认同感。"走西口"这一移民浪潮大大促进了内蒙古中西部地区与内地的交流,进一步增进了蒙汉之间的民族感情,对我们多民族国家的繁荣、稳定奠定了坚实的基础。

如今《走西口》已成为一首经典民歌,歌中的苦难已经被时代的欢娱声所掩去。但在晋陕大地,它绝非仅仅是一首凄美的民歌,而是存在于黄土高原上近三个世纪的一个历史现象,是晋陕流民的一部痛苦离情史。

▲山西黄河西口古渡

四　中国的母亲河——黄河

黄河风光

天下黄河第一桥

在甘肃省兰州市白塔山下的黄河上,有一座历史悠久的古桥——中山桥,它是黄河上第一座具有真正意义的桥梁,所以有"天下黄河第一桥"之称。

兰州在历史上就是东西交通要冲,是中原与西域往来的必经之途,是连接内地和西北的交通枢纽。可是穿城而过的黄河就像是一道从天而降的障碍,让人心生畏怯,难以逾越。南北两岸的人要过黄河,只能

▲黄河铁桥——中山桥

在不同的季节选择不同的交通方式来渡河,夏、秋两季就乘小船和羊皮筏子横渡,冬天河面结冰,只能在冰上行走。显然,不论是哪一种方式,危险系数都很高。你听民间歌谣唱:

黄河害,黄河险。

凌洪不能渡,大水难行船。

隔河如隔天,渡河如渡鬼门关!

为了实现交通顺畅,历朝历代都有不少能人巧匠迎难而上,尝试在黄河险阻之上架一座桥梁。这里面的酸甜苦辣,若要细细说起来,可是一个

珍藏中国 **中国的江河**

▲民国时的黄河铁桥

很长的故事。

第一位迎难而上的人出现在明代。

明洪武五年（1372年），宋国公冯胜和卫国公邓愈因为军事需要，在黄河兰州段修建了浮桥，但最终还是未能久存。直到洪武十八年，才出现了第一座相对存在时间长的桥梁，就是兰州卫指挥佥事杨廉兴建的镇远浮桥，和现在的中山桥是同一个位置。

能在黄河上建桥，这在当时是很了不起的，而且镇远浮桥在黄河的汹涌波涛中使用了数百年，实属不易。这是杨廉苦心钻研的成果。

这桥是怎样建成的呢？你一定想象不到。

根据古书记载，杨廉首先在黄河上造了大船28艘，其中3艘备用，另外25艘用绳锁连接。同时，船下用石鳖固定，船上则加盖木板、栏杆，并在桥的南北两岸各树一根大铁柱和六根木柱，用铁链将浮桥固定。书中称赞整座浮桥"随波升降，帖若坦途"，就是说浮桥不是完全固定的，由于下面是大船，它可以随着波涛上下摇动，这样也就适当削减了河水的冲力，而且又因为有铁柱等加固，所以人走在上面觉得很平坦。

此后500多年间，用以构筑浮桥的船数和用以固定的铁柱与木柱数虽有变化，但镇远浮桥始终扼守在黄河之上，被誉为"天下第一桥"。这座镇远浮桥成了20世纪前兰州最重要的交通咽喉，打通了前往西域的道路，人们称赞它是千古伟观。现在大家仍能看到矗立在铁桥南岸的将军铁柱，它是镇远浮桥500年兴衰史的见证。

四 中国的母亲河——黄河

不过镇远浮桥有天然的季节性缺陷，每到冬天，黄河封冻，浮桥必须拆除，车马均从冰上通行。冬春之交，冰将融化之时，经常有人畜因冰裂落水而亡。春天冰融之后，又需要重建浮桥，每年花在这上面的费用很大。而且镇远浮桥毕竟坚固度有限，遇到大洪水和冰凌，难免会发生桥毁人亡的惨剧。

为了改变这种状况，早在光绪初年，左宗棠任陕甘总督时，就提议要修建铁桥，但当时他想依靠洋人来建造，可惜洋人出价太高，最终作罢。

进入20世纪，走向末路的清廷开始实行新政，鼓励洋务。那时洋务兴起，为建设黄河铁桥提供了历史契机。不过这次建桥的并非是中国人，这是怎么回事呢？

光绪三十二年，总办甘肃洋务的彭英甲奏请朝廷后，被批准修建黄河铁桥。整个工程以16.5万两白银的总价承包给了德国泰来洋行，合同规定铁桥自完工之日起保固八十年。但实际上，铁桥竣工耗费了银两30.66万两，远远超出原来的预算。这是因为合同中有一个要求，建桥所需的各式的桥梁材料都必须从国外购买，由海路运到我国，在天津着陆后，再经铁路运到河南郑州，然后再用骆驼、大轴踏车等运输工具送到兰州。这么遥远的路途，还要不断转换交通工具，运费相当昂贵，最后花费的运费达到了14多万两。这种高比例的运费在世界建桥史上也算是少见的。

1942年，为纪念"中华民国"国父孙中山，"第一桥"改名中山桥，这个名字一直沿用到现在。

1949年，中山桥经历了一次考验。8月26日，为了解放兰州，解放军全力夺取黄河铁

▲天下黄河第一桥

桥，在激烈的战役中，炮弹击中了过桥的两辆国民党军车，导致车上的弹药爆炸，铁桥桥面的木板被烧毁，杆件和纵梁被枪弹打得通红，但是桥身丝毫不动，安稳如常。兰州战役后，兰州军管会组织工程技术人员和工兵连夜抢修，铁桥十天之后就迅速恢复了通车。

  1954年，国家拨款60万元对铁桥进行全面维修加固，在原平行弦杆上端置拱式钢梁，使铁桥更加美观、坚固。1989年，黄河铁桥已经80岁了，按照当初合同说明，保固期已满，而且其中的部分构件也的确出现了老化。兰州市政府及时规划，要对铁桥进行全面大修。没想到，就在8月9日，一艘自重260吨的供水船因失控撞到了桥墩上，铁桥意外遭受重创。但幸运的是，兰州市当即组织技术力量进行抢修，最终使铁桥转危为安。此后，兰州市按照计划加宽了桥面的人行道，装饰了桥身，让古老的铁桥焕然一新。也正是在这一年，黄河铁桥被列为市级文物保护单位。

  2004年，黄河铁桥已近百岁高龄，差不多该是退休的年纪了，但是作为历史的见证，这座桥并没有被废弃，而是以一种别样的方式保留下来。这一年，兰州市政府投资500万元，对黄河铁桥进行了新中国以来最彻底、最大规模的维修和加固。这一年，中山桥结束了它近百年的通车历史，变成了永久性步行桥。

  黄河铁桥是一项创举，因为它建成于20世纪初叶中国积贫积弱的时代。说它是创举，是因为它是僻居西北、地瘠民穷的甘肃与西方人在自主自愿前提下的第一次成功合作；说它是创举，是因为它的建设材料，包括一个铆钉和一根铁条，乃至建成后刷铁桥用的油漆都是在当时国内极其落后的运输条件下从德国辗转万里运至兰州的；说它是创举，是因为它的建设是德、美两国工程师、华洋工匠与甘肃各界通力合作的结晶；说它是创举，是因为它的建成结束了黄河上游千百年来没有永久性桥梁的历史……

  如今的黄河铁桥身畔已崛起了银滩大桥、雁滩黄河大桥、小西湖黄河大桥等近10座桥梁，在不远的将来，还将规划建设一系列桥梁。届时，黄河之上将呈现出巨虹如带、天堑成通途的壮观景象。

  但是，无论何时，作为黄河"第一桥"的黄河铁桥都将作为兰州近百年的历史背景和记忆底片，永远烙在兰州人的心上。

黄河九曲第一弯

常说黄河是"九曲十八弯",却没有几个人说得清黄河到底有几曲几弯。

"曲"来自黄河上游居住者——藏族的语言。藏族人民给母亲河上游各河段起了很多有特色的名字,例如卡日曲、约古宗列曲、扎曲、玛曲……"曲"就是"河流"的意思。

其实,九曲十八弯本来就是个概述,不可能一一对应起来。不过,黄河第一弯,由于它无与伦比的壮观和美丽,便得人尽皆知。

黄河源于青海省巴颜喀拉山,一路向东南前进,到了四

▲黄河九曲第一弯

川阿坝藏族羌族自治州的若尔盖县唐克乡,遇见白河之后,它又在这里折向西北流入甘肃,回到它的发源地青海,形成第一个拐点,也造就了天下黄河第一大转弯的美景。

从四川西北发源的白河,传说是一位闭月羞花的姑娘在若尔盖草原上含情脉脉地等待如意郎君。生长在青海冰峰雪山中的黄河是位智勇双全的男子汉,他追求白河女的美丽,不远千里来到若尔盖迎娶白河姑娘。在索克藏寺旁,两位心仪已久的有情人相见,牵手相融,一起奔向黄河的故乡——青海。

索克藏寺后的山坡是观黄河第一弯的最佳位置。站在高处远眺,只见黄白二河争流,风姿绰约,像哈达,又像长龙,从天的尽头飘然而来。

下山来到黄河边,零距离接近黄河第一弯。黄河竟然是那么静谧、安详。没有"一斗水,六升泥"的浑浊、没有壶口黄河的排山倒海,甚至没有浊浪滔天,没有气势磅礴,有的只是清澈、宁静。

在黄河母亲的身边,你可以静坐河边用心倾听她对历史的诉说,可以在暮色苍茫里感悟人生长河奔腾的壮歌。入夜,月光下篝火熊熊,人们放声歌唱,翩翩起舞,唱给身边的母亲河听。

黄河九曲第一弯有它独特的美,最美的景色是在黄昏。日落之时,当夕阳一点点变红,从山边落下去时,整个河谷笼罩在一片金黄之中。黄河岸边碧草青青,野花遍地,躺在草丛中,或者卧在花簇里,大家有一种回家的感觉,身心得到前所未有的解脱。

若尔盖草原是一个把"广"字发挥到极致的地方,人来到这里,心情豁然开朗,心胸也额外开阔。这片世界上面积最大、最原始,没有受到人为破坏的高原湿地,它用自己的乳汁养育着万物生灵。黑颈鹤用它的歌和舞演绎着仙者的尊贵。全国三大名马之一的河曲马,自由自在地驰骋在黄河大草原上。相传河曲马产生于盛唐,是当地一匹雌马和白河中的神马两情相悦而传下来的良种马,它不仅外观健美,跑起来更是迅速,是历代朝廷贡马。现在,如果你来到若尔盖草原,只要花上十多元钱,就可以骑上这著名的河曲神驹,感受草原牧民的生活。

在夏天,也就是草原最美的时候,你不妨置身于这美妙中间,在母亲河身边,一个豪情万丈的游者,应和着牧民抑扬顿挫的牧歌,暂时忘记自己,化为这茫茫大草原中的一匹野马。

▲河曲马

四　中国的母亲河——黄河

天下黄河第一曲——河曲

"九曲黄河从天降,万众风情留此处",用来形容河曲这个地方,真是再合适不过。

黄河由内蒙古河套流到老牛湾,折向南行,出现了一个巨大的马蹄形弯曲河段,这便是河曲。

河曲县城处在一个非常特殊而又有趣的地理位置:它位于黄河之东,地处山西、陕西、内蒙古三省交界处,是历代镇守边疆的"古塞雄关"。古时有"雄鸡一声闻三国"之说,就是说这里的雄鸡叫一声,三个国邦都能听到。

河曲的自然风光因为兼容而迷人,既是高原古塞,却又有着江南水乡的风光。古往今来,山曲对唱,渔歌互答,形成了高原水乡、塞上江南的独特景象。今天,人们来到这里,依然可以领略到古朴原始的生活气息,领略到未被污染的黄河文明。

▲河曲

在县城东北7千多米的黄河中流,有一座娘娘滩。奔腾的黄河水流到这里变得很听话,一分为二,绕岛东西两侧而下,娘娘滩突起于两股水流中央,就像是一颗戏弄龙头的宝珠。

娘娘滩有什么特别吗?当然了,在万里黄河之上,娘娘滩是唯一可以住人的岛屿,可谓独一无二。相传2000多年以前,汉文帝刘恒和他的母亲因为受吕后陷害,被汉高祖刘邦贬到这座滔天白浪之中的偏僻孤岛,因此这个孤岛取名为"娘娘滩"。这个故事在河曲世代相传,如果你去河曲或许还可以从滩头挖出"万岁富贵"的瓦片。千百年来,住在娘

珍藏中国 中国的江河

▲河曲县内陕蒙之间的黄土高原

娘滩的人们和睦相处，亲如兄弟，男耕女织，与世无争。到今天这里依然是道不拾遗，夜不闭户，仿佛世外桃源一般。

岛上的百姓还会告诉你，他们都是汉代"龙城飞将"李广的后裔。他们会绘声绘色地告诉你，当年李广护送薄太后母子到这后，见岛上四面环水，两岸青山，景色美不胜收，干脆留下来定居。不管你相不相信，这岛上的人家的确户户姓李。

踏上河曲这块淳朴的土地，人们很快会被那一曲曲悠扬动听的河曲民歌所感染。这里的人很喜欢唱民歌，甚至早在唐宋时就流行了，在明末清初最盛。

河曲的民歌艺术在山西独领风骚。最常见的表现形式就是"二人台"，一丑一旦，亦歌亦舞，精悍活泼，深受山西、陕西、内蒙等地群众的喜爱。"二人台"的剧目有一百多出，其中最著名的有《走西口》《探病》《挂红灯》等等。这些名曲多以歌颂黄河儿女的爱情为主，有浓郁的地方特色和黄河风情。

在河曲，有福的不仅是你的耳朵，还有你的嘴巴。大家一定想不到，在河曲这个小地方，竟有天下任何一个地方都没有的美食极品——黄河石花鲤鱼。这种珍品鲤鱼，赤眼金鳞，脊梁上有一条红线，肉雪白，独产于河曲西南方向的天桥峡中。因为只有在每年解冻开河时才可能捕到，所以叫"开河鱼"。

总而言之，河曲是一座集黄河自然奇景与人文奇景于一体的千年文化名城。

天下黄河第一漂

在黄河上漂流？这听起来是不是很新鲜，还有点大胆？这不是痴人说梦，是一个已经实现了的愿望。

黄河第一漂在哪儿呢？随着奔腾的黄河穿峡越谷，经过黑山峡，进入宁夏中卫境内，这一段时缓时急的水流正是黄河漂流的最佳水段。中卫沙坡头在腾格里沙漠南端，这里沙坡屹立，高达100余米，所以叫沙坡头。从黑山峡到沙坡头，总长50多

▲黄河畔的羊皮筏子

千米，两岸山崖陡峭，河道波谲云诡，既有惊心动魄的急流险滩，又有赏心悦目的长峡幽谷，被誉为黄河"小三峡"。

为开发沉睡百年的黄河古道，利用黄河得天独厚的漂流优势，人们把公伯峡黄河大桥—积石吊桥—马尔坡这一段定为黄河漂流段。

黄河漂流用什么工具呢？

不是木船，不是小舟，也不是竹筏，黄河漂流用的是黄河中上游先民创造的独具特色的工具——羊皮筏子。

是不是闻所未闻？羊皮筏子又叫羊皮气囊，曾经是撒拉族人泅渡黄河

和载货的交通工具,《宋史》中就有记载：把羊皮缝制成囊袋，朝里面吹气，让它鼓起来就可以浮在水面上了。作为西北人民古老而简易的

▲黄河第一漂

水上交通工具，羊皮筏子已有近2000年的历史。人们用被油盐浸泡过的整块羊皮缝制成羊皮气囊，充满气，再在上面绑上木头架，一个"羊皮筏子"就做好了。在水急滩险的黄河上，撒拉族水手们驾着羊皮筏子，劈波斩浪，来往自如，堪称一绝。

或许大家会问："这筏子结不结实啊？"

答案当然是肯定的。14个山羊气囊组成的羊皮筏子的载重量可达1吨左右，或者坐6到8个人。

这种十分奇特的黄河运输工具充分反映了我国古代劳动人民的聪明才智。在以前交通不发达的时候，兰州的毛皮、水烟、药材、瓜果等土特产都是通过羊皮筏子运往下游各地。可以说羊皮筏子为兰州与外地的经济文化交流作出了极大的贡献。

等到黄河上架起了吊桥，天险变通途，羊皮筏子已经逐渐淡出撒拉族人的日常生活。现在，坐羊皮筏子漂黄河已变成一种娱乐方式。

不仅是当地人，游客也可以乘坐羊皮筏子体验一番。漂流于黄河之上，品一品黄河的风情，看一看黄河城市独有的妩媚和壮丽。黄河漂流的经历，让远道而来的国内外游客连连称奇，感慨这不愧为"天下黄河第一漂"！

四　中国的母亲河——黄河

黄河第一门——龙门

当黄河咆哮万里触龙门的时候，它便进入了华夏文明第一门。

龙门地处山西省河津市，是黄河的咽喉，都说此处"无风三级浪，平地一声雷"。如果大家身临其境，一定会认为这描述一点也不夸张。

龙门宽约80米，形状像个闸口，龙门北面是群山夹道的黄河峡谷，上游5千米处的石门仅宽57米，是黄河最窄的地方，再向上游就是著名的壶口瀑布，而南面则是坦坦荡荡的平原。

大家可以想象，如此巨大的反差，黄河却一路奔腾，滔滔而来，穿越这个狭长的通道，到了龙门，争相破"门"而出，直流急下。一旦出了龙门，河床陡然变宽，最宽处达12千米，水势也变得波澜不惊，开阔壮观。

黄河本来就是直爽、暴躁的脾气，在龙门之前，它被约束在高山峡谷

▲黄河龙门

之间。受到约束的黄河勃然大怒,一下子发作起来,它横冲直撞,不停咆哮。快到峡谷的尽头龙门口,黄河已经迫不及待了,没想到一个急转弯,狂涛激浪顷刻之间都撞在峭壁上,黄河生气了,怒吼着,呼啸着,飞出一层层凌空雪浪,这便是"一级浪"。黄河被迫掉过头来,没想到又撞上对岸的巨石,在狂怒中咆哮着冲起一层层直射天空的雪浪,这是"二级浪"。浑黄的河水在碰壁以后,退了回去,随即和矗立在河床中的一座巨大的礁石相遇,再次咆哮起来。河水想要挣脱一切冲向天空,但却激起了"三级浪"。在一阵喧嚣之后,浪花从空中颤抖着狠狠地摔下来,轰隆一声落入谷底,这才算跳出了龙门。

好一个荡气回肠的三级浪!

说起龙门的名字,还有个很著名的典故。说是每年到了阳春三月,无数的鲤鱼从各条河流汇集到龙门,竞相跳跃。因为是逆流而上,水急浪高,而且落差很大,想要跳过龙门是很难的。所以,每一年能跃上龙门的鲤鱼只有72条,一旦登上龙门,就有云雨相随,天火烧其尾,于是化为龙。

这就是民间广为流传的鲤鱼跃龙门的传说,龙门也由此具有更多的含义。科举时代,人们便把"中举"比喻为"鱼跃龙门"。紫禁城外曾有一扇长安左门,那是张贴皇榜、公布殿试中选者名单的地方,这扇门便被称为"龙门",象征着上榜者就像那些鲤鱼,一登龙门,身价百倍。

龙门又叫禹门,这里面又有什么典故呢?相传龙门是4000年前大禹治水时开凿的。故事发生在尧的时代,有一个部落的首领叫鲧,住在有崇,号"崇伯鲧",这人是谁呢?他就是禹的父亲。尧命他治理洪水,他用筑堤的方法去"堵塞",结果治了九年也没有成功,于是被尧杀死在羽山。他死后,舜命他的儿子禹继承父业去治理洪水,禹吸取了父亲的教训,改用"疏导"的方法,开山挖河,把洪水导入河海,终于平息了水患。大禹治水有功,后来舜便禅位给他。

在治水的过程中,大禹不避寒暑,不畏艰险,手足长满了老茧,治水13年,三过家门而不入。大禹率领千万军民,从源头开始疏导河道,一路来到了龙门山,这里山峦绵延,挡住了黄河的去路,大禹率众费尽千辛万苦,终于奇迹般地凿出一个豁口,让黄河奔流而去,这个豁口就是龙门。

黄河古渡口——蒲津渡

1989年7月，在山西永济市蒲州古城一带的黄河滩涂上，出土了四头唐代的大铁牛。

它们身型威猛，高1.5米，长3.3米，全身乌黑发亮。大铁牛好像正在拖拉很重的物品，使足了劲，肌肉凸显，两个眼睛睁得又大又圆。每头牛的身边还有一个高鼻深目的胡人在牵着，也是铁铸的。

这四头大铁牛和它们附带的铁器加起来一共有230吨，是世界上现存的最大规模的古代铁器群。

它们是古人的艺术雕塑品吗？

它们有没有某种实用价值呢？

为了解答这些疑惑，考古人员对它们进行了研究，从它们的结构、姿态、使用痕迹等方面，再加上史书中的相关记载，最终断定它们是古代黄河上一座大型浮桥——蒲津渡桥的一部分。

蒲津渡又是什么地方呢？蒲津渡是古代黄河的一大渡口，在历朝历代都是重要的交通关口，所以有很多朝代都在这儿修过浮桥。蒲津渡遗址是一处具有丰富遗存的大型遗址，也是我国第一次发掘的大型渡口遗址，它的发现地就在蒲州西门外的黄河东岸，离大铁牛距离不远。

蒲津渡桥曾是横跨于黄河之上最早、最大的一座牵拉浮桥。从北魏的时候开始，蒲津渡桥已经是固定式的浮桥，不过还是竹缆连舟式的，不太结实。到了唐朝开元年间，才改成了铁索连舟。

蒲津浮桥的建造在唐代可是一项非常浩大的国家级工程。唐玄宗李隆基为了适应当时政治、经济、文化和军事的需要，下诏改建蒲津桥。具体工程由兵部尚书张说主持，主要分成三个部分：疏通河道积淤；加固护岸石堤；改"竹缆连舟"为"铁索连舟"。为了铸造浮桥地锚和铁索链，一共用铁160多万斤，足足占了当时全国年产量的1/4！这也从侧面说明了唐朝当时正处在经济繁荣、社会稳定的阶段，国富民强，因此才有精力进行如此浩大的工程。

大家也许都猜到了，那四头大铁牛正是蒲津渡浮桥工程的一部分。那它们是起什么作用呢？在民间，有人说铁牛是镇水的，也有人说铁牛是降妖的，其实它们还有着更加实用的功能——作为浮桥的桥头地锚。

仔细观察会发现，四头铁牛分别铸在长方形铁板上，每块铁板下都有六根大铁柱向前斜插，深入地下十几尺深，非常坚固。每个铁牛的牛尾下都有个很粗大的铁轴，那是用来栓铁锁的。在四个鼎立的铁牛中间，还有横向排列的两座铁山，用来帮助铁牛增加地锚的重量。在铁牛后面矗立着三根铁柱子，高3米，直径粗0.4米，很奇特地以北斗七星的形状排列，那是用来拴船的柱子。铁牛和铁牛下面的铁板、铁锚柱、铁人、铁山、七星铁柱等组成了一个有机的整体，那是功能与艺术的完美结合，牛代表地，七星柱则代表天，刚好符合古人讲究天地阴阳的理念。

据专家介绍，作为浮桥地锚的铁牛，在河东、河西各有四尊。我们可以想象，当年这座横跨黄河、联通东西两岸的铁索浮桥就如同今天的高速公路，车马相随，彻夜不息。也正是两岸的铁牛作为坚固的桥头地锚，才使得唐代的浮桥能够稳如泰山。

到明朝的时候，因为黄河东移，桥被冲毁，大铁牛等也都逐渐没入水中，长埋于黄沙之下。

铁牛的功能我们知道了，可是古代人民为什么要把地锚做成牛的形态呢？那是因为牛在几千年前就进入华夏民族的生产和生活中，它吃苦耐劳、默默奉献，成为中华民族的精神象征。不仅如此，《易经》中记载："牛象坤，坤为土，土胜水。"也就是说，在中国的传统文化中，牛是镇水之宝。在北京颐和园昆明湖畔就卧着一只青铜牛，憨态十足；四川都江堰也刻有三头牛，目的都是镇水。

相比之下，蒲津渡遗址出土的这四头铁牛实用价值更大，铸造起来也更困难，所以它的历史价值和艺术价值最让人瞩目。

蒲津渡遗址向我们展现了古代桥梁交通、黄河治理、冶铸技术等各方面的科技成就，也直观地揭示出黄河泥沙淤积、河水升高、河岸后退的变迁过程，从而为历史地理、水文地质、环境考古及黄河治理提供了许多实用资料。

塞上江南

在西北黄土高原无边无际的金色荒漠中，奇迹般地孕育着一个绿色岛屿——富饶美丽的"塞上江南"宁夏。在这座绿岛中央，是一座童话般美丽的城池——银川市。

为什么在严酷干旱的黄土之中会有这样一颗水嫩剔透的珍珠呢？

如果你询问当地人，他们会告诉你这样一个古老的故事：在很久以前，银川叫凤凰城。说起凤凰城来，一些老年人会告诉你，东门外的高台寺是凤凰的头，头挨在黄河边；高台寺旁边有两眼井，那是凤凰的眼睛；城中心的鼓楼是凤凰的心脏；西塔和北塔是凤凰的两只爪子；西马营里花花草草，树木成荫，那是凤凰的尾巴，它长得一直延伸到贺兰山。

为什么叫凤凰城呢？说来话长。那你们知道凤凰鸟吗？凤凰鸟是幸福鸟。

那时候，凤凰姐妹一共七个，住在长江南边的高山上，凤凰常常为人们造福，所以江南舒适美丽。那时候，宁夏地薄人穷。东有黄河，可河水浅得上不了岸；西有贺兰山，可山高挡不住西伯利亚的寒流，挡不住腾格里的滚滚黄沙。住在这里的人们总是一个劲儿地在土地上辛勤劳动，但是，即使心血快要耗尽，还是改变不了贫穷。所以，大家都很期盼凤凰能飞到宁夏来。

人们的盼望被大雁知道了，它很感动，便自告奋勇飞往江南去找凤凰姐妹。凤凰姐妹知道了宁夏百姓的心意，坐在高山的松林里商量，最小的七妹脾气直爽，说什么也要到宁夏去看看。她说走就走，由大雁领路，朝宁夏飞去。凤凰来的时候，人们早已穿上各色各样的民族服装，敲锣打鼓，在黄河两岸等着迎接。凤凰看见宁夏，"啊！这么大的一片平川，怎么都干得裂开了嘴？"她看了看黄河，就这儿划一条线，那儿划一条线，划过后都变成了一条一条的渠道，渠里淌着黄河水。她又把带来的礼物都洒在银川平原上。花草树木，五谷庄稼，还有牛、马、骆驼、羊。贺兰山一高兴，哗哗哗地连满头的白发都脱掉了，变成了青山。

宁夏山山水水变了样，人人都感激凤凰，她给大家带来了江南风光，

珍藏中国 中国的江河

人们干脆就把宁夏叫成"塞上江南"。凤凰也把宁夏当成了自己的家乡，年年岁岁和大伙儿一块守护着这里。而大雁就成了凤凰的信使，每年稻谷飘香的季节，大雁就向南飞，把小凤凰的消息带到江南，第二年春天，又把南方的乡情和六个姐姐的思念带给凤凰。

▲ 银川风光

　　于是，为了怀念凤凰，大家就把银川城叫做"凤凰城"。

　　历史上，银川城建于678年。城西面的贺兰山是一匹从远方奔来的骏马，在河滨小憩，化为高山；黄河是一条巨龙，它奔腾而来，咆哮而去，只在宁夏发出温和的长吟。4000多平方千米的银川，就坐落在龙马之间。

　　科学地说，银川得天独厚的地理条件主要归功于黄河和贺兰山的守卫。

　　此段的黄河水流充沛，年流量达到325亿立方米，而且很合适灌溉；银川西边的贺兰山呈南北偏东走向，主峰高度在2500米左右，从银川平原西望，贺兰山犹如骏马奔驰，是我国季风气候和非季风气候的分界线，正是它阻挡了腾格里沙漠的东移，削弱了西北寒流和风沙的侵袭，它是银川

四　中国的母亲河——黄河

▲镇北堡影视城

平原的天然屏障。

　　银川能成为塞上江南与它处于温带干旱气候区分不开。这里四季分明，冬寒漫长但不奇冷，夏热较短且无酷暑。太阳辐射强，日照时间长，昼夜温差大，是作物生长的绝佳环境。所以，这里生产的小麦、水稻、蔬菜、瓜果等农产品含糖量高，含蛋白质多，营养丰富，品质优良。

　　这里迷人的不仅是自然风景，还有独特的文化韵味。在贺兰山下，有一座神秘的西夏王陵，那可是领略西夏文化、寻古探幽的旅游胜地。那里有九座帝陵，是中国现存规模最大、地面遗址最完整的帝王陵园之一。那里还有与众不同的西夏文物古迹，处处散发别具一格的吸引力。因为融合了汉族文化、佛教文化与党项民族文化，所以西夏王陵在我国陵园建筑中别具一格。

　　在西郊镇北堡还有一座著名的电影城。电影城基本保持了古堡原有的雄浑而残旧的景象，突出了它的荒凉感、黄土味和原始化，可以让电影艺术家们在这一片西部风光中尽兴地发挥想象力和创造力。

珍藏中国 中国的江河

　　大家熟悉的《红高粱》《大话西游》《新龙门客栈》等电影佳作都是在这里拍摄的。镇北堡本来是明清时代的边防城堡，据说最初修建的时候请风水先生看过，说这地方处在贺兰山山脉中间，有一条"龙脉"延伸下来，预言将来必定会出帝王将相。古往今来，这里帝王将相没有出过，但是出了不少轰动世界影坛的影视作品和明星、名导。古堡衰而不败的雄浑气势和发自黄土地深处的顽强生命力也为作品增添了不少亮点。

　　在塞上江南，你会看见大漠、黄河、高山、绿洲等风格迥异的景象，对比如此强烈，却又融合得那么巧妙，仿佛一首动人的交响乐，让你忍不住停下脚步，侧耳倾听。

▼西夏王陵

五 其他著名江河

珍藏中国 中国的江河

外流河

中国第三长河——珠江

◆ 流域概况

珠江，全长2400千米，原指广州到入海口的一段河道，后来逐渐成为西江、北江、东江和珠江三角洲诸河的总称。按长度珠江排第三。按年流量珠江还在黄河前面，是中国第二大河流。

珠江的地势总体为西北高，东南低。西北边是云贵高原和青藏高原边缘，所以上游有很多急流和瀑布，包括著名的黄果树瀑布。

流域内最主要的地形是山地和丘陵，面积占全流域总面积的94.5%，平原少而分散，仅占全流域总面积的5.5%。在这些散落的平原中，最大的是珠江三角洲，因为河海交汇，河网交错，所以具有南国水乡的独特风貌。

◆ 人文背景

众所周知，黄河文化的始祖是黄帝，长江文化的始祖是炎帝，那珠江文化的始祖是谁呢？

学术界看法不一。不少学者认为，布洛陀是珠江流域原著民族的人文始祖，与炎帝、黄帝是一个时代的；也有学者指出，舜帝才是珠江文化德教与诗乐之祖，因为他是第一个开发珠江流域，并将其纳入中国版图的人。

▲ 珠江

在这一学术争论的背后，不难看出这样一个事实：

五 其他著名江河

珠江是一个人间烟火气息浓厚的居住区,并且汇聚融合了多种文化。

珠江最初孕育的是土著古越族文化,秦汉统一珠江流域后,中原移民多次南下,将中原文化传播到了珠江大地。此后,从岭南文化、粤文化延伸到港澳文化、湘文化、云贵文化。所以说,珠江文化的丰富多样性,是古老的山区、内陆文化与清新的海洋文化不断对话和整合的结果。

◆ 主要景点

1. 珠江大桥

珠江大桥是珠江上重要的交通枢纽,这一座桥跨过了两条河流。因为珠江流到此处遇到了大坦沙岛,于是分成了两条支流。而珠江大桥也相应分成了东桥和西桥,东桥由中山八路跨越珠江至大坦沙岛,长约336米;西桥由大坦沙岛跨越珠江接广佛公路和芳村大道,长约415米,两桥相隔1.5千米,所以,珠江大桥又叫双桥。

珠江大桥是解放后修建的,党和人民政府为了加强广州与珠江三角洲地区的联系,决定在大坦沙动工兴建一座铁路和公路两用桥。在当时相对落后的条件下,政府提出"家家无闲人"的口号,动员了千家万户,日夜奋战,仅用了两年的时间就完成了大桥的全部建造。

1963年,在广州评选新羊城八景的活动中,市民们觉得珠江大桥就像天上垂下的两条彩虹,跨在银光闪闪的两条珠江支流上。每当烟雨蒙蒙的日子,从远方眺望,只见大桥如虹如幻,架于一片空蒙之中。站在桥上眺望,四周的田野一片翠绿,江面上雾气氤氲,很是迷人。最终,珠江大桥有幸成为新羊城八景之一——双桥烟雨。

历经半个世纪的风雨变迁,随着广州的飞速发展,公路、桥梁、隧道、城际地铁等各种交通网络四通八达,珠江大桥早已褪去了当年的显赫繁荣,但开阔的江景却依然是市区里不可多得的风景。

尤其是临近春节,往芳村批发花卉的三轮车总是满满地载着各种各样应节鲜花经过,连桥上也留下了芬芳。虽然这里不像市区一样繁华热闹,但却多了一份郊野的乐趣。

2. 白鹅潭

与珠江大桥一样,白鹅潭也是羊城八景之一,名"鹅潭夜月"。

珍藏中国 中国的江河

▲白鹅潭夜色

　　白鹅潭是珠江河段在广州城区最宽阔的地方。这里水深流急，潮汐顺畅，自古以来就是广州对外通商的重要交通水道。

　　白鹅潭堤岸线长，白天阳光普照，碧水粼粼。到了夜晚，明月朗朗，辉映江中，在凉爽的清风中沿着江边散步，别有一番情趣。每逢重大节日，广州市政府都会在这里举行文娱活动，或是一场灿烂的焰火晚会，或是在河面举办花船大巡游，或是表演"水上音乐会"。

　　为什么这一段珠江会叫白鹅潭的呢？这还跟历史上的农民起义有关。相传，明代农民起义领袖黄萧养带领战船进攻广州城。船经过这里的时候，突然飞来一群白天鹅为他们作先导，杀得明将张安溺水身亡。后来朝廷军队反扑，也是在这里决战。正当黄萧养在乱战中中箭受伤坠水之际，突然深潭中浮出两只巨大的白天鹅，背起黄萧养冲出重围，飞向远方。由此，这段水域便被称为"白鹅潭"。

辽宁人民的母亲河——辽河

◆ 流域概况

辽河被称为辽宁人民的"母亲河",是一条卧在东北大地上的巨龙。

辽河有三个源头:一个发源于河北省平泉县的光头山流出来的老哈河;一个发源于内蒙古自治区克什克腾旗白岔山流出来的西拉沐沦河,这两者汇合后组成了西辽河;还有一个发源于吉林的辽源市东辽县福安村,是东辽河。这三条河流汇合后,就组成了辽河,在河北、内蒙、吉林和辽宁流淌,浩浩荡荡奔腾1430千米,直到最终流入渤海。

◆ 人文背景

辽河在历史上有过不少名字,最早叫句骊河,到了汉代被称作大辽河,五代以后被称作辽河,清代又改了名字叫巨流河。

辽河入海的过程,也是辽河流域文化发展的过程。目前已知的辽河流域最早的文明发端于距今8000年的查海文化。

20世纪80年代,一条8000年前的石堆龙在辽宁省的查海遗址出土。这条石堆龙处在查海整个聚落的中心部位,全长19.7米,龙身宽2米左右,龙头朝西南,龙尾向东北。它昂首张口,弯身弓背,尾部若隐若现,给人一种巨龙腾飞之感。这条巨龙证明,早在8000年前,我们的祖先就已经知道了用龙这样的形态来表达某种宗教意识,在祭祀时将其作为神化了的上天的一部分,以祈福或是保佑。

石堆龙的出土,为华夏子孙——龙的传人考古寻根提供了线索。

◆ 主要景点

1. 辽河碑林

位于辽河三角洲盘锦市的"辽河碑林"的兴建与落成,是近50年来中国书法界最大的一件盛事。

辽河碑林是一座集古今书法艺术精华的宝库,被孔夫子第七十七世嫡孙孔德成先生誉为"中华第一碑林"。这"第一碑林"可不是虚名,大家知道辽河碑林有几个"全国第一"吗?

它是全国第一个从古至今不断代的书法碑林,是全国第一个收刻远古文字符号的碑林,是全国第一个收刻甲骨文的碑林,是全国第一个收刻汉代竹简文字的碑林,是全国第一个收刻历史上正反两方面人物书法精品的

中国的江河

▲辽河碑林当代馆

碑林，是全国第一个专设"毛泽东书法作品碑刻馆"的综合性碑林。

碑林占地18万平方米，林林总总的刻石，上起新石器时代的陶文符号，下至当代书法精品，历时上下五千年，囊括纵横九万里，刻碑2000余通，成为中国最大的碑林。

2. 辽河口红海滩

平原、河流、苇海、草原、丹顶鹤、红海滩——久违的理想王国。

许多人千里迢迢来到辽河三角洲的盘锦市，只是为了看看那里的红海滩。

什么是红海滩？

组成红海滩的是一棵棵纤弱的碱蓬草，是一种适宜在盐碱土质上存活的草，也是唯一一种。每年4月，它在地面上探出脑袋，小时候是嫩红色的，越长颜色越深，等到10月份，已经红得变成了紫色。碱蓬草不需人撒种，也不需人耕耘，看似弱不经风的一棵草，变成一簇簇，一蓬蓬，在盐碱卤渍里，年复一年地生生死死。于光阴荏苒中，酿造出一片片火红的生命邑泽。

红海滩的确切出现时间已无法考证。20世纪60年代，红海滩曾成为

五、其他著名江河

▲红海滩日落

救命滩。在那次饥荒中，滩边的居民采来碱蓬草的籽、叶和茎，掺着玉米面蒸出红草馍馍，这让很多人都免于饿死的命运。

当地人说红海滩是活的，因为它始终追赶着海浪的踪迹。碱蓬草生长的滩涂以每年 50 米的速度延伸，红海滩也就踩着它的足迹，一步步地走向海里。

华北最大水系——海河

◆ 流域概况

海河水系是中国华北地区的最大水系，由北运河、永定河、大清河、子牙河和南运河五条河流组成，全长 1090 千米。海河与人们的生活息息相关，它不是一条流经旷野或崇山峻岭的河流，而是一条横穿上千万人口大城市的河流。

海河的河脉纵横交错，像一把巨大的扇子斜铺在华北大陆上，尤其是上游支流繁多分散,从北、西、南三面汇流到天津,再向东流到大沽口,最后入渤海。

◆ 人文背景

海河水系的形成并不完全是自然因素的结果,具体原因有三个:一是地势,流域内西、北、南三面高,东部低,使河水顺势东流;二是黄河北迁提供了条件;三是人为的因势利导。

三国时代,曹操为了消灭袁绍残余势力,北攻乌桓,先后开凿平虏渠、泉州渠和新河,形成贯穿天津地区的河流干线。隋大业四年,隋炀帝强征百万多人,修建了南接沁水、北达涿郡的永济渠,成为天津地区南北水陆交通的大动脉,海河交通枢纽格局至此形成。

当时海河水路的使用主要在于适应征战的需要。据史书记载,唐朝在东北地区驻军每年需要粮食 50 万石,主要是靠大规模的漕运,而天津地区是漕粮转运的必经之路。每年从江南运往北京的漕粮多达 300 万石。

◆ 主要景点

1. 引滦入津工程纪念碑

在天津城市的发祥地——子牙河、南运河与海河交汇处的三岔河口上,矗立着一座以"母子盼水"为主题的大型雕塑,上面镶嵌着邓小平于 1986 年所题的苍劲有力的大字"引滦入津工程纪念碑"。

在大理石三角形碑座上,耸立着用汉白玉雕刻的妇女形象。妇女面带慈爱,怀中抱着一个幼小的婴儿,左手伸掌托天,她面向海河站着,注视着水面,似乎在凝思着海河的今昔。每一位经过此地的天津人,都会情不自禁

▲ 引滦入津纪念碑

五 其他著名江河

地想起 20 年前的引滦入津工程，都会感慨这一水利工程给天津带来的翻天覆地般的变化。

20 年前有句顺口溜："天津市一大怪，自来水腌咸菜。"因为几百年来海潮倒灌，污染海河，天津人民一直饮用着苦咸水。后来，由于工业用水量日益增加，又造成了水源短缺的困难。正是在这种严峻的情势下，1981 年，国务院将引滦入津工程列为国家重点建设项目。在军民的共同努力下，浩大的工程只用了一年零四个月就胜利竣工，于 1983 年 9 月 11 日正式向天津供水。竣工的那天，天津市政府给每家每户都发了二两好茶叶，让全市人民都尝尝甘甜的滦河水泡出的香茶是啥滋味！

▲天津海河畔风光

2. 大沽口炮台

去天津旅行的人们肯定不会错过一个深含历史意义的地点——大沽口炮台。

大沽口炮台在海河入海口，从古代开始就是海防的要地。明朝嘉靖年间，为了抵御倭寇，加强海防战备，朝廷下令构筑堡垒，正式驻军设防。此后各朝代都有一些增建，到道光二十一年，已建成了大沽炮台群，形成较为完整的军事防御体系。

为什么一个古炮台会得到大家的关注？因为大沽口炮台是中华民族抗击侵略的历史见证。

▲大沽口炮台

从1840年至1900年的整整60年间，外国列强为夺取在华的经济利益和政治特权，先后四次对大沽口发动侵略战争，烧杀抢掠，无恶不作。面对强大的侵略者，大沽地区军民在四次大沽口保卫战中，用自己的血肉之躯同入侵之敌进行了殊死搏斗。

1901年，根据丧权辱国的《辛丑条约》，清政府被迫将大沽口炮台拆毁。现在大家去大沽口炮台只能看见"威"字南炮台和"海"字老炮台两座遗址，其他炮台早已荡然无存。

近百年来，大沽口炮台饱经沧桑，几经兴废，但它仍是帝国主义侵略中国的铁证，是中国人民浴血奋战、抗击帝国主义侵略者的历史见证。

3. 劝业场

上海有个大世界，天津有个劝业场。如果不去逛一逛，枉到津沪走一趟。

五　其他著名江河

什么是劝业场？劝业场是商场的名字，在那个内忧外患的时期，"劝业"寄托着实业图强的希望。其经营宗旨是"劝业市场"四字的字头写出的四句警言，分别是：劝吾胞兴，业精于勤，商务发达，场益增新。同时，并将其作为商业经营指南，以求发达。

天津劝业场坐落在素有"寸土寸金"之称的和平路与滨江道交口，是由法籍工程师慕乐设计，是当时天津

▲天津劝业场

最大的商场。除了规模大、历史久以外，还以商娱合一而在国内享有盛名。

远远望去，天津劝业场的建筑风格是古典与现代的结合：五层的大挑檐、七层的连拱窗，都是法国古典主义建筑装饰风格；立面采用简洁明快的形式，表现现代建筑思潮，突出庄重的整体气势；塔楼则兼有中国古典风格和意大利文艺复兴时期的风格。

1991年，历经风风雨雨的劝业场再度扩建，成为天津市最大的集购物、娱乐、消闲、服务为一体的多功能、高档次的新型商厦，并以其独有的特色和业以诚信的服务成为天津一张闪光的城市名片。

南北分界线——淮河

◆ 流域概况

在我国东部，长江和黄河两流域之间有一条天然的南北分界线——淮河。

淮河发源于河南省桐柏县的桐柏山，流经湖北、河南、安徽、山东、江苏 5 个省，河道全长 1000 千米。

这条分界线的南北两侧的气候、水文、植被以及农业生产等，都有着明显的差异。从气候方面来看，它是我国亚热带和暖温带的分界线。淮河南边属于亚热带范围，最冷月平均气温不低于 0℃，且雨季较长；淮河以北则属于暖温带范围，冬冷夏热，四季分明，日平均气温低于 0℃ 的寒冷期普遍在 30 天以上，且雨季较短。

淮河流域是人口聚集的地方。有数据为证，这片水域 1997 年的总人口为 16043 万人，也就是说每平方千米的土地上有 594 人。当时全国人口平均密度是多少呢？每平方千米 122 人，还不到淮河流域平均密度的 1/4！所以说，淮河流域的人口密度在各大江大河流域之中绝对是排在第一位的。

淮河流域的交通也很发达。航运方面，南北向的有年货运量居全国第二的京杭大运河，东西向的有淮河干流，加上平原各支流，编织出一张壮观的水路图。连云港、日照等大型海运码头，不仅可直达全国沿海港口，还能通往韩国、日本、新加坡等地。此外，铁路和公路也都很发达，京沪、京九、京广三条南北铁路大动脉从淮河流域东、中、西部通过。

◆ 人文背景

因为这里生存着大量叫"淮"的鸟，所以这条奔流不息的河有了一个名字——淮水。

淮河发源于河南省桐柏县境内的桐柏山太白顶，那里树木巍峨挺拔，郁郁葱葱。沿着陡峭的山路攀上主峰太白顶，大家会看见一座修建于唐代的古寺，叫"云台禅寺"。古寺的北面有一眼清澈明净的泉井，井内有泉眼三处，即使在干旱的时候也从不枯竭。泉水从井旁石壁中沁出，流不多远，又潜入地下，行约半里，再从枯藤缠绕、青苔覆盖的峭岩间流出地面。如

五　其他著名江河

此盘来绕去，潜入钻出，逐渐由细流变成小溪，又由无数小溪汇合成小河，直到桐柏县城以西 15 千米处的小镇固庙，才开始形成河床。

▲淮河上的江都水利枢纽

　　淮河水利历史悠久，早在公元前 600 年以前，就修筑了著名的水利工程芍陂，就是在支流淠河和东淝河之间的洼地周围圈堤蓄水，经历代维修和扩建，堤周长一直在 50 千米至 150 千米之间变化。公元前 486 年，挖通了邗沟，开通了淮河和长江之间的航运。605 年，又修建了通济渠，引黄河水入淮水。总之，这些古运河对南北交通起到了重要的作用。

　　◆ 主要景点

　　将淮河缩小 10000 倍，那是什么样子？是不是很难想象？但现在你可以在淮河的源头——河南桐柏县淮源镇，看到按 1∶10000 比例浓缩的淮河全景微缩景观。

　　这个名为"走读淮河"的微缩景观将全长 1000 千米的淮河全貌收于方寸之间。

▲淮河入江水道的大型挖泥船

183

在微缩景观的入口处，刻写在大理石上的《走读淮河》一文详尽介绍了淮河源头的基本情况，以及整个淮河流域的风土人情、物产资源、人文景观、治水历史等，使人们在将淮河自然风貌尽收眼底的同时，又可以将淮河的历史变迁了然于胸。

"淮河源"文化陈列馆的建成，不仅为淮河源头及整个淮河流域文化的保护、收集、整理、挖掘提供了一个良好的场所，而且增强了淮河源头的可游览性和观赏性，增加了淮河源头的历史文化内涵。

浙江第一大河——钱塘江

◆ 流域概况

钱塘江是浙江省第一大河，发源于安徽省黄山，流经安徽、浙江2个省，注入杭州湾。钱塘江全长605千米，流域面积48 887平方千米，是越文化的主要发源地之一。

钱塘江全称"浙江"，或是"折江"，确切地说，浙江下游的杭州段称钱塘江。钱塘江流域水丰林茂，山川富饶。特别是下游流域，更是物华天宝，历来被誉为"丝绸之府""鱼米之乡""文物之邦"和"旅游之地"。

钱塘江及其支流就像是一条晶莹的西线，将众多的"明珠"——雄伟奇特的黄山、千岛罗列的新安湖、万木参天的天目山、秀比天堂的西湖、雄伟壮丽的钱塘江……串成一串耀眼夺目的项链。

◆ 人文背景

关于钱塘江，《史记》中记载了这样一件事：秦始皇东游到杭州，却遇上钱塘江水波恶劣，结果御舟无法靠岸，不得不向西航行120里，到达今天的富阳，才找到一处避风港。秦始皇是何等人物，一统天下，周游八极。曾经渡沧海，观天日，如今却为钱江潮折腰。由此可知，钱塘江实在是"天下之险"！

为"天下之险"的钱江潮水，在历史上引起的堤岸崩坍、水灾人祸数都数不清。当时，民间谚语"火烧一半，坍江全完"生动地形容了钱江潮水的破坏能力。

五　其他著名江河

怎样才能抵御海潮，保家安户？古人其实早已认识到只有修筑海塘，才是硬道理。

1000 年来，虽然在强大的自然面前，海塘屡建屡塌，但人们从来没有放弃，并且不断地吸取教训，筑塘技术从土塘、柴塘发展到石囤木柜塘，直到明嘉靖年间，杭人终于探索出鱼鳞式石塘这种成熟的技术。到清乾隆末年，人们花了 250 年时间，终于在沿江建起 280 千米巍峨坚实的鱼鳞大海塘。

钱塘江鱼鳞大海塘是中国一项伟大的古建筑，在世界海塘建筑史上被认为是一项杰出的创造。

▲钱塘江潮

新中国成立后，政府开始全面治理钱塘江的水旱灾害，并大力开发水能资源，先后修筑江堤 319 千米，海塘 403 千米，目前，江堤海塘已能抵御 20 年一遇的洪水和 10 级台风风暴潮。

一块块整齐的条石，手挽着手，肩并着肩，共同组成了钱塘江海塘，屹立在钱塘江岸边，默默无言地经受着千千万万次江潮的冲击。它记载着钱塘江劳动人民抗御潮患的英勇斗争史，凝聚着海宁人民与潮患斗争的智慧结晶，极富文化价值。

◆ 主要景点

1. 钱塘江大桥

钱塘江大桥是我国第一座双层铁路、公路两用桥，而且完全是自行设计

▲钱塘江大桥

和建造的。它横贯钱塘江南北,是连接沪杭甬铁路、浙赣铁路的交通要道。

那么,是谁设计了钱塘江大桥呢?钱塘江大桥的设计和建造主持者是当代桥梁专家茅以升博士。

1934年,39岁的茅以升受命担任钱塘江大桥的总设计师、总工程师。当时,日本军国主义侵略者的铁蹄已经践踏了我国东北地区,并对华北乃至整个中国虎视眈眈,妄图亡我中华。

为了完成建桥重任,茅以升毅然辞去在北洋大学的工作,只身来到杭州。在实地考察和精心计算之后,茅以升成功地采用气压沉箱法掘泥打桩,打破了外国人认为"钱塘江水深流急,不可能建桥"的预言,大大地为中国人民长了志气。由他主持制定的建桥方案不但切实可行,而且比美国桥梁专家华德尔提出的方案减少投资约200万元。

钱塘江大桥的建设,抒发出中华儿女自立于世界民族之林的豪情壮志,但很多人都不知道这里面还有一个"殚精竭智千日功,通车之日却炸桥"的痛心故事。这是怎么回事呢?大桥设计者茅以升尽管不是政治家,但他热爱祖国,对时局的忧患使他保持了清醒的头脑。1937年7月7日,卢沟桥事变爆发。茅以升用一种连他自己也不愿意正视的预感,作出了一个令人疑惑的重大决定——他在大桥南2号桥墩上留下一个长方形的大洞。那年秋季,淞沪会战异常激烈,战争的硝烟弥漫到杭州上空,钱塘江大桥的施工也进入了最紧张的阶段。

茅以升期盼着上海能够阻挡日军进攻的脚步,然而,持续了3个月的淞沪会战终以上海陷落结束,杭州也危在旦夕。11月16日,茅以升接到南京政府的命令:如果杭州不保,就炸毁钱塘江大桥。这时大家才知道,2号桥墩上留有大洞的原因。

当晚,茅以升凭借着一个桥梁工程学家严谨、精准的态度,完成了引线和引爆点的设置。怀着亲手掐死亲生婴儿一样的痛楚,他看着最后一根引线接好。这是茅以升一生中最难忘也最难受的一天,很久以后,他告诉家人,说那种痛苦,那种无奈,真是欲哭无泪。

11月17日,大桥全面通车的第一天,当第一辆汽车从大桥上驶过,两岸数十万群众使劲鼓掌,掌声经久不息。不到三个月,也就是12月23

日下午,茅以升终于接到命令——炸桥!随着一声巨响,总长1453米、历经925个日日夜夜、耗资160万美元的钱塘江大桥,最终在通车的第89天瘫痪在日寇侵略的烽火中。

大桥炸毁的这一天晚上,透过苍茫暮色,茅以升凝视着由他一手炸毁的大桥残影,看着江北岸愈来愈亮的火光,满腔悲愤地在书桌前写下8个字——抗战必胜,此桥必复。

茅以升的愿望在1946年终于得以实现。抗战胜利之后,钱塘江大桥被修复,成为浙赣线上的关键性工程之一。

2. 西湖

欲把西湖比西子,淡妆浓抹总相宜。

位于浙江省杭州市的西湖,像是一个倾国倾城的美人,令每个见到她的人都移不开目光。秀丽的湖光山色,充满人文气息的历史古迹,荡气回肠的神话传说。在这里旅行,恐怕真的会以为自己就在"人间天堂"。

▲杭州西湖及雷峰塔

在西湖两千多年的历史里,有三个人物不可不说。他们分别是白居易、苏东坡、杨孟瑛。 他们是如何邂逅西湖,与西子美人又生出了怎样一番情愫呢?

822年,年过半百的白居易来到杭州任刺史,官场失意的他在看到西湖山水时,精神为之一振。就是这深情的一眼,让他决定整治西湖,筑建湖堤。等到三任期满时,白居易为杭州人民留下一湖清水,一道芳堤,六井清泉,二百首诗。

送别白居易,西湖历经了几百年的兴衰变更。1071年,西湖又迎来了她的第二位知己——苏东坡。在杭期间,苏东坡看见西湖,内心激动,不知如何描述这美人。后来他上书为西湖请命,说西湖对于杭州就像是眼睛那么重要，千万不可以荒废。

这之后，一场前所未有的西湖整治行动开始了。从夏天到秋天，苏东坡发动全城募捐，动用了20万民工，终于把西湖治理好了。同时，还用整治中多余的淤泥、乱草，筑成了一道堤——今天举世闻名的苏堤。

正是从苏东坡开始，西湖才真正展现出她的天堂初景。

元朝以后，西湖被当成"红颜祸水"打入冷宫，将近百年的冷遇，一个大家闺秀也几乎沦落为柴门环婢。一直到1503年，杭州才迎来了另一位贤太守——杨孟瑛，他整整花了5年时间来说动朝廷重治西湖。

杨孟瑛动用民夫8000人，花了152天，拆毁田地3481亩，终于恢复西湖旧观。挖出来的淤泥，一部分给了苏东坡的苏堤，把它填高了二丈，拓宽了五丈三尺，还在两岸遍植杨柳，让苏堤重新恢复了"六桥烟柳"的美景；另一部分淤泥便另筑一堤，与苏堤并驾齐驱，杭人因感激郡守对西湖山水百姓的一片厚爱，所以称新堤为"杨公堤"。

西湖，是一首诗，是一个动人的故事。不论是多年居住在这里的人，还是匆匆而过的游人，无不为这天下无双的美景所倾倒。

咆哮的大河——怒江

◆ 流域概况

怒江，中国西南地区的大河之一，发源于青藏高原的唐古拉山南麓的吉热拍格。它深入青藏高原内部，由西北向东南斜贯西藏东部的平浅谷地，入云南省后折向南流，流入缅甸后改称萨尔温江，最后注入印度洋的安达曼海。从起源到入海，怒江一共3240千米，其中大约2/3在中国境内。

怒江，江如其名，它奔流在高山之间，水流在谷底不断地咆哮怒吼，有一种难以形容的悲壮之美。

怒江河谷中的苍天古木把江水掩映成墨绿色，所以怒江又叫黑水河。黑水是汉族人的说法，藏语中管它叫"那曲"，但意思是一样的。在云南省，怒族把怒江称为"阿怒日美"，意思是怒族人居住区域的江，"阿怒"是怒族人的自称，"日美"就是"江"的意思。

五　其他著名江河

▲怒江

◆人文背景

怒江流域内民族众多，主要聚居着傈僳族、怒族、独龙族、白族、普米族等少数民族。由于各民族的生活习俗、宗教信仰和婚丧嫁娶礼仪等方面各不相同，因此产生了众多的传统节日，形成了多彩浓郁的少数民族文化和民族风情。

傈僳族非常喜爱唱歌对调，他们开玩笑说："盐，不吃不行。歌，不唱不行。"傈僳族的民歌曲调丰富，配上传统的集体舞，自有一种朴素动人之美。

怒族人非常讲究礼貌和团结互助，而他们的"迪目瓦"结婚纪念则更富有人情味。只有和睦相处10年甚至12年以上的夫妇才有资格举行这种仪式。在仪式上，主妇要把好酒和好菜奉献给村里的老人。

普米族在满13岁时，要举行成人仪式，表示他们已长大成人了。那是什么样的情景呢？仪式前一天，有条件的家庭要杀猪宰牛。做成人礼的少年，按年龄顺序，男子站在火塘上方，女子站在下方，依次用右脚踩一下猪膘，左脚踩一下粮袋，再向锅桩连磕三个头，表示敬天、地、灶三神，然后向长辈和兄长、姐姐磕三个头，以感谢他们的养育和关照之恩。受礼的人则要说一些祝福的话,并给一些钱物。最后,由父母带着到附近亲戚家向长者磕头,以求祝愿。从此以后,他们就可以穿成人装,自由参加社交活动。

怒江流域,山雄川秀,民风朴实,民俗丰富,向世人展现了一个独具魅力的世界。

◆ 主要景点

1. 怒江大峡谷

怒江大峡谷位于云南省怒江傈僳族自治州境内,从中国地图上看,恰好处在"鸡屁股"的位置。

怒江大峡谷是世界上最长、最神秘、最美丽和最原始的东方大峡谷,与号称世界第一的美国科罗拉多大峡谷相比如何呢?

南北走向的怒江大峡谷比科罗拉多大峡谷长。科罗拉多大峡谷从支流巴利亚河口起到米德湖,全

▲怒江大峡谷

长440多千米,怒江大峡谷单云南段就有600千米,西藏境内还有多长,无法精确统计。怒江大峡谷深度也远盛于科罗拉多大峡谷。科罗拉多大峡谷最深处是1830米,而怒江大峡谷的深度都在2000米以上,大多数地段突破了3000米。

如此大手笔的自然景观是怎么形成的呢?因为云南西北地区位处欧亚和印度两大板块结合部,这独特的构造形成了横断山大峡谷地带,由北向南,巍峨高耸的碧罗雪山、高黎贡山、担当力卡山与奔腾的澜沧江、怒江、独龙江相间构成了深切割裂的大峡谷——怒江大峡谷。

在怒江上是没有船的,即使是技术再好的船夫,也不敢在惊涛怒浪的怒江行船。船在怒江无用武之地,既无法横渡,更不能上下航行。

那两岸居民要过江的时候怎么办呢?从前主要靠溜索桥。溜索就是一

根竹篾制成的大绳,系在怒江两岸的大树上。两端保持一定的斜度,一般是一端高出 8~10 米,然后人们再利用一个滑轮和两段绳子,就可以去一试天险了。现代高效率的交通工具已经逐渐将这种原始的溜索桥淘汰,多年来政府在怒江上先后建造 70 多座桥梁,以保障各族居民过江的安全。尚存的几条溜索也早已全部改为钢丝溜索,更多的只是作为一项民族传统体育活动项目来使用,并且这也是当地人们不畏艰险、勇猛顽强性格的写照。

大家不要以为怒江大峡谷只是山高谷深,其实它也有绿树、花香。由于受印度洋西南季风气候的影响,怒江大峡谷形成了立体垂直气候,正所谓"一山分四季,十里不同天"。你会在这里惊异地发现,河谷里茂林葱绿,炎热似夏;山坡上花俏草黄,如春如秋;仰头看,峰顶竟然又是冰雪世界。

2. 怒江听命湖

在怒江大峡谷有一个神秘的湖泊,叫做听命湖。

为什么一个高山湖泊会有这样的名字呢?听命湖又有什么神奇之处呢?

据说,人们到这里只能轻声细语地说话,如果对着湖水大声叫喊,即使在晴朗的日子里,片刻间也会有风雨甚至冰雹突然而至。

住在那里的傈僳族人相信听命湖有一种神奇的力量,它能够听懂人们

▲怒江第一弯

的话。所以，每当遇到大旱，山下的百姓就准备好祭祀品和雨具，到听命湖畔祈求天神降雨。人们摆好祭品，搭好雨棚，然后载歌载舞，大声喊出心愿。很快，听命湖上空便乌云翻腾，风雨随之而来。

这是怎么回事？听命湖真的能听从呼唤吗？专家们为解开这个谜，特地做了一些考察。他们发现，要出现这种奇怪的现象，必须具备三个条件：上升气流、凝结核和充足的水汽。

听命湖坐落在大山深处，四周的高山起到了汇聚声音的作用，在群山环绕之中，人们的呼喊声被放大，达到了扰动空气的作用，从而使湖面产生上升气流。同时，这里是低纬度高海拔的山区，常年空气湿润，弥漫着饱和水分的浓雾遇到声波震动后，自然就凝聚成雨和冰雹。

▲丙中洛茶马古道

原来，这就是听命湖呼风唤雨的秘密。

3. 丙中洛

怒江从西藏奔腾而至，在丙中洛绕了一个大弯，形成一块小平坝，虽说只有823平方千米，却也是怒江大峡谷在怒江自治州最大的平坝。贡山县的丙中洛在怒江大峡谷的最北端，公路到此已是尽头了，再往北就只有人马驿道通往西藏。

这里居住着怒、藏、独龙、傈僳等多个少数民族，形成了多民族的文化和多元的宗教，既有原始图腾的崇拜，又有喇嘛教，还有西方的天主教。

丙中洛有一个奇妙的天然景观：在靠南边的地方，一天可以见到两次日出、日落。

这是怎么回事？日出时候，太阳从碧罗雪山缓缓而出。太阳在狭长的天空行走不到两个小时，就匆匆地落入矗立在丙中洛西南角的贡当神山背后，留下一场美丽的日落。大家还在慢慢体会呢，大约半个小时之后，太阳又一次从贡当神山背后露出脸颊,带着歉意般的万道霞光,半个小时后才又落入高黎贡山的背后,形成丙中洛一天两次的日出与日落的奇妙景观。

地上天河——雅鲁藏布江

◆ 流域概况

天上有一条银河,地上有一条天河。这"天河"便是雅鲁藏布江。

为什么雅鲁藏布江会被称作"天河"呢?或许是因为雅鲁藏布江的河床海拔特别高,一般在3000米以上,是中国最高的大河,给人的感觉就像是银河那样高高在上。另外,雅鲁藏布江发源的

▲雅鲁藏布江源区

喜马拉雅山脉,海拔在5300米以上,雪水从山峰上流下,就像是来自天上一般。雅鲁藏布江在古代藏文中称为"央恰布藏布",意思就是从最高顶峰上流下来的水。

雅鲁藏布江从喜马拉雅山脉出发后,自西向东奔流在青藏高原南部,最后于巴昔卡附近流出国境,改称布拉马普特拉河,经印度、孟加拉国注入孟加拉湾。

雅鲁藏布江的南面耸立着世界上最高、最年轻的喜马拉雅山,北面为冈底斯山和念青唐古拉山脉。南北之间为藏南谷地,是一片呈东西走向的宽阔低缓地带,雅鲁藏布江就静静地在这一谷地里流淌。与谷地的地貌相一致,雅鲁藏布江流域东西狭长,南北窄短。东西最大长度约1500千米,

而南北最大宽度只有 290 千米。

雅鲁藏布江的上、中、下游各有特点：上游段，湖塘星罗棋布，水很浅，而且清澈见底。这里往往人烟稀少，是野生动物的世外桃源。看！性喜群居的野牦牛正成群结队在雪线附近觅食；善于奔跑的藏羚羊、岩羊像散落的云朵一般在移动；藏豺、高原狐、雪豹和旱獭这些珍贵动物在谷地悠然自得，和平共处；清澈的河水中，高原上特有的细鳞鱼正快活地游来游去。中游水量充沛，人烟稠密。中游河段汇集了雅鲁藏布江的主要支流，可谓是江宽水深，为高原航运提供了有利条件。由支流冲积的拉萨、日喀则等河谷平原，是西藏最重要、最富庶的农业区，素有西藏"粮仓"之称。下游则又是另一番景象，这里既不是动物的乐园，也不是人类的聚集地，这里最多的是峡谷。雅鲁藏布江的下游江面狭窄，河床、礁石棋布，江水流急浪高，响声隆隆，蔚为壮观。

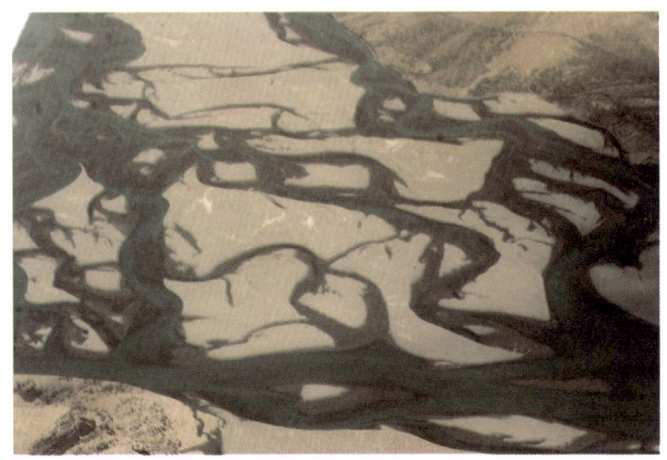
▲航拍西藏雅鲁藏布江

◆ 人文背景

从雪山冰峰间流出的雅鲁藏布江一路欢歌，奔向藏南谷地，所经之处，花红草绿，繁衍生息于此的藏族人民则创造出绚丽灿烂的藏族文化。

西藏一些重要城镇都位于雅鲁藏布江中游，如自治区首府——"日光城"拉萨、第二大城市——古城日喀则、具有抗英斗争光荣历史的英雄城市——江孜、新兴的工业城市——林芝八一镇、山南重镇——泽当等等。

雅鲁藏布江哺育着两岸藏族人民，而藏族人民则以勤劳的双手和无穷的智慧编织着这壮丽的山河。

雅鲁藏布江不仅是西藏文明诞生和发展的摇篮，也是汉藏文化交流的

▲墨脱云杉林

见证人。在汉、藏交流史上,最值得纪念的是文成公主和蕃、金城公主西嫁与唐蕃会盟碑三件大事。它们充分说明了汉、藏人民及其文化各具特点,又相互影响、融合的血肉关系。

◆ 主要景点

在雅鲁藏布江大峡谷中,有一朵隐秘的莲花,散发出美丽神圣的气息,长久不为人所知晓。这朵莲花就是墨脱,墨脱在藏语中是"花"的意思。墨脱还有另一个名字,叫做白马岗,意思是隐藏着的像莲花那样的圣地。

墨脱在雅鲁藏布江下游,随着河床高度的降低,南来的湿润气流沿着河谷长驱直入,使降水增加,气温升高。因此这里的河谷低地具有稻谷飘香、芭蕉迎客的热带以及亚热带风光。峡谷中的墨脱就像是一块碧绿的翡翠,镶在雅鲁藏布江这条白丝绸上。

这样的自然气候让墨脱成为一个"雾乡",终年不断的雾像是墨脱人亲切的朋友。春夏的夜晚,雾紧贴在江面上,随着东方放白,它开始沿雅鲁藏布江向两侧山崖攀升,它与雷雨、彩虹为伴,漫游在崇山峻岭,直至被北边的冷气流和南边的暖气流阻挡,再直冲云霄。秋冬季节,雾犹如白丝绸一般遮盖在雅鲁藏布江的上空,直到太阳照射在它身上,才慢慢腾腾地消失在山峦的原始森林中。

墨脱居民是很相信宗教的，一个墨脱门巴族宗教画师曾绘声绘色地讲到：墨脱的地形像女神多吉帕姆仰天平卧的圣体——耸立在雅鲁藏布江大拐弯的南迦巴瓦雪峰，就是这位女神俊俏的容颜；东部一带密布的森林和地势平缓的沃土，是她柔软的腹部；江水碧蓝的仰桑河流域，是她的下身。总之，墨脱的山山水水都是这位女神躯体的组成部分。

▲墨脱县多雄拉雪山

墨脱的平均海拔是1200米，如果在平原地区也算是高山了，但在平均海拔超过4000米的西藏高原，却像是在井底一般。这高度是幸运的，却又是不幸的。墨脱周围高耸的雪山，像一道巨大的屏风，保护着这个小镇，却也切断了它与外界的接触。

直到有一次报道，大家才逐渐知道了这个在几年前还不通汽车的地方。墨脱所有的外来物资都是靠人背畜驮，一块普通的砖头，等到徒步背进墨脱，价值就高达15元，因为路途实在太遥远、太艰难。到过墨脱的人都说："墨脱人前莫言路"，意思是说，这世上再没有比到墨脱更难走的路了。

墨脱自新中国成立以来，政府曾选定了5条修路路线，并付诸了行动。但因为墨脱处于喜马拉雅断裂带和墨脱断裂带上，地质活动频繁，是地震、塌方、泥石流的多发地带，最终未能让汽车顺利驶进墨脱。如今，也只能分季、分段通车。

墨脱是大自然给予人类的恩赐，这小小的3万平方千米是桃花源，是最初的净土，是最朴实无华的微笑。

内流河

中国最大的内陆河流——塔里木河

◆ 流域概况

我国最大的内陆河是新疆的塔里木河，流域面积102万平方千米，涵盖了我国最大盆地——塔里木盆地的绝大部分，是保障塔里木盆地自然生态和各族人民生活的生命线，被誉为"生命之河"。

塔里木河由天山的阿克苏河、喀喇昆仑山的叶尔羌河以及和田河汇流而成，全长2179千米，最后流入台特马湖。

"塔里木"在古突厥语中的意思是"注入湖泊、沙漠的河水支流"。而在维吾尔语中，它有一个更有趣的意思，即"无缰之马"。为什么是马，而且还是不受控制的野马呢？

因为塔里木河的河水流量因季节差异而变化很大。每当进入酷热的夏季，积雪和冰川溶化，河水流量就会急剧增长，整条河流就像一匹"无缰的野马"，奔腾咆哮着穿行在万里荒漠和草原上。而且由于塔里木河含沙量大，冲淤变化频繁，河流经常改道，因此在中游地区形成了近百千米的冲积平原，并且那里芦苇、水草丛生，浩浩荡荡一派"水上迷宫"景象。

◆ 人文背景

塔里木河流域历史悠久，早在几千年前，人类就已在河流下游逐水草而居。人类长期活动造就了流域内丰富的人文景观，如大家熟悉的古楼兰遗址、克孜尔千佛洞、喀什市香妃墓等等。

这里中间是塔里木盆地，周围是高原山区，发源于盆地周边高原山区的大小河流呈向心分布向盆地流去，大多数小河流还没有到达目的地就已经消散于绿洲和广阔的沙漠地区。

塔里木河流域目前仍保留着世界上面积最大、分布最密集的原始胡杨林区。胡杨树被世世代代住在这里的维吾尔族人称为"英雄树"，据说它"生下来千年不死，死后千年不倒，倒下去千年不朽"。在胡杨林，你可以看

▲塔里木河畔特有的风光：胡杨林和骆驼队

见各种奇特形状的树姿，有的树很矮，像交错变形的龙蛇；有的树很粗壮，就像是一头蹲在高处的灰熊；有的树长得自由肆意，就像是九尾神狐蓬松的尾巴；有的树扭曲狰狞，就像是夜叉张开了爪牙。

如果大家置身在这片荒漠中，看这一株株与命运抗争的胡杨，从合抱粗的老树到不及一指粗的嫩枝，它们会默默地告诉你什么叫做不屈！

◆ 主要景点

1. 楼兰遗址

楼兰是汉代西域一个强悍的部族，他们居住在新疆塔克拉玛干大沙漠的东部。楼兰人的首都就是著名的楼兰古城。

据记载，楼兰古城曾经是人们生息繁衍的乐园，是丝绸之路上的繁华

五、其他著名江河

▲楼兰遗址

之邦。它身边有烟波浩渺的罗布泊,它门前环绕着清澈的河流。人们在碧波上泛舟捕鱼,在茂密的胡杨林里狩猎,沐浴着大自然的恩赐。

楼兰神秘地在地球上消失,又意外地出现,留下一个大大的问号,吸引了无数学者和探险家到此一游。

那又是谁让楼兰重见天日的?揭开楼兰面纱的是著名的探险家斯文·赫定,他是一个对探险极度投入的亡命之徒。当赫定还很年轻的时候,就将中国西部定位为自己毕生的探险目标。在他晚年,曾有人问他为何终生未娶,他回答说:"我曾恋爱多次,但亚洲腹地始终是我的新娘,我成了她冰冷怀抱中的俘虏。出于嫉妒她不让我爱其他人,我也非常忠于她,这是自然的。"

斯文·赫定是如何发现楼兰的呢?1900年的一次探险,赫定偶然在塔克拉玛干沙漠中找到一些精美的木板和钱币,由于队伍携带的水源有限,他没来得及做进一步挖掘就遗憾地离开了。但他的好运并没有结束,命运仿佛注定要借他的手来给世界一个惊喜。

离开的时候，赫定在心里发誓：明年冬天一定再来。此时，他尚未意识到这个偶然的发现会成为20世纪世界考古史上最重要的发现之一。

1901年3月，赫定终于如愿回到了曾经邂逅的遗址，并且找到了遗失的文明古国——楼兰。楼兰遗址分布在几处，有几间房屋的门框在千年风沙中挺立不倒，仿佛最后一位居民才刚刚推门离去。赫定进行了一丝不苟的挖掘，挖出很多激动人心的宝贝：一米多高的佛祖雕像、刻着佛祖盘坐姿势的水平壁饰、莲花与其他种类的花朵的饰品等，这些木头雕塑保存得很好。挖掘到最后，剩下一间被太阳烤干的泥巴屋，估计是当时的马厩。在这里，赫定挖出了最宝贵的东西——一些纸片。

经过鉴定，赫定找到的古城就是历史上的楼兰，而那些纸张中的文字更是具有很高的价值。其中一些纸页是史书《战国策》的部分内容，另一些纸张讲述的是行政、商业、军事等内容。木简上的文字包括书信、报告和兵部、户部、驿站等衙门所写的告示与收据等，信息含量丰富，折射出当年楼兰的社会秩序与权力结构，反映了其生产、生活等多方面状况。

据考古学家证实，塔里木盆地的人类活动已有10000年以上的历史。如果我们把遗弃在塔克拉玛干大沙漠中的古城用一根红线连接起来，我们会惊奇地发现，所有的古城包括楼兰王国在内，突然消失的时间都在4~5世纪。仿佛被什么神奇的力量所驱使，所有的遗址都湮没在距今天人类生活地50~200千米的冥冥沙漠之中。

为什么楼兰和其他古国会突然消失呢？时至今日，尽管有众多学者付出了巨大心血，但诸如楼兰古城的兴衰与消失还是个偌大的谜团，楼兰遗址也成为世界瞩目的焦点。同时，轮台古城、且末遗址、古墓葬群、古烽燧、木乃伊、古代岩壁画等等也都成为世界级的旅游景点。

楼兰的人文景观堪称世界之最。在人类历史上，楼兰是个充满神秘色彩的名字。它曾经有过的辉煌，形成了它在世界文化史上的特殊地位。人们对楼兰文化的兴趣与热情，充分说明楼兰不仅是属于中国的，而且是属于人类的。

2. 巴音布鲁克天鹅湖

天山怀抱的巴音布鲁克大草原是我国第二大草原，地势平坦，水草丰盛。在蒙语里，巴音布鲁克代表"富饶的山泉"，这实在是个很贴切的名字。

▲巴音布鲁克天鹅湖

我国唯一的天鹅自然保护区——巴音布鲁克天鹅湖就坐落在这片草原中。

连绵的雪岭和高耸的冰峰构成了天鹅湖的天然屏障。回环曲折、水量充沛的开都河贯穿其中，草原上星罗棋布的湖沼、浅水滩和孤岛，彼此相连相通，构成了一个水禽栖息的理想之地，尤其适合天鹅生长。

每当春天来临，冰雪消融，大批天鹅就从印度、非洲和中国南部飞向天鹅湖，像是要回到家乡一般。它们不远万里，成群结队地飞过崇山峻岭，来到这里栖息繁衍。

清晨，当远处的蒙古包升起袅袅炊烟，大大小小的天鹅也开始了一天的活动，它们有的开始找东西吃；有的在湖面上随波漂荡，好像是欣赏自己的倒影；还有的展翅掠过蒙古包，在远方的山谷里飞翔。

即便天鹅在觅食，它们也同样优雅、美丽。它们时而在湖中倒立，身体几乎垂直探入水中；时而捕捉水面的浮萍，脖颈来回转动，划出一道道柔滑的曲线。

这些纯洁的精灵将辽阔的草原点缀成美丽温馨的人间仙境，描绘了一幅爱的天堂。

3. 慕士塔格峰

在乌恰县与塔什库尔干县的交界处，有一座7546米的山峰——慕士塔格峰，在塔吉克语中的意思是"冰山之父"。

为什么称它是"父"呢？因为山上终年积雪不化，阳光下冰珠闪烁，远远看去就像一位须发皆白的老父，更因为它是冰川形成最早的山峰，所以被人们称作"冰山之父"。如果不是晴天，慕士塔格峰的身影总是隐没在云纱雾海之中，轻易不肯露出"庐山真面目"，所以总是给人一种神秘感。但如果是晴空万里，大家放眼望去，会看到白雪皑皑的山峰夹带着伸向雪线下的道道冰川，宛若冰川公主为雪山王子歌舞时飘逸的白裙与长袖。

相传，慕士塔格峰上住着一位冰山公主，她与住在对面的海拔8611米的世界第二高峰乔格里峰上的雪山王子热恋，凶恶的天王知道后很不高兴，就用神棍劈开了这两座相连的山峰，拆散了冰山公主和雪山王子这一对真挚相爱的情人。冰山公主整天思念雪山王子，她的眼泪不停地涌出，最终流成了道道冰川。

慕士塔格峰巍峨庄严，是众多登山爱好者的向往之地。同时，美好的传说又被塔吉克族的青年男女看作是纯洁爱情的象征。

▲慕士塔格峰

中国水量最大的内陆河——伊犁河

◆ 流域概况

"啊……亲爱的伊犁河,美丽的家乡,幸福的天堂,十三个民族的儿女,为你劳动,为你歌唱……"这首由著名作曲家田歌在上世纪60年代创作的歌曲《啊,亲爱的伊犁河》,在半个世纪后仍被人们传唱着。

伊犁河是亚洲中部的一条内陆河,也是我国唯一一条向西流的国际河流。

伊犁河位于天山北支婆罗科努山与南支哈尔克山之间,是天山水资源最丰富的山段。它全长1236千米,由特克斯河、巩乃斯河、喀什河三大支流汇聚而成。

特克斯河是伊犁河的主源,发源于哈萨克斯坦境内的汗腾格里主峰北极,它的水量约占伊犁河流量的50%以上。巩乃斯河是三大支流中最小的一条,发源于那拉提山、阿不热勒山和依连哈比尔尕山的三山交汇处,同喀什河源仅一岭之隔。喀什河在著名的雅玛图渡口处汇入伊犁河,在三大支流中位居第二。它穿行在喀什河谷之中,两侧河流密布,是典型的羽状河系。

▲伊犁河谷草原春色

◆人文背景

伊犁河让每一个人铭记的不仅是它的美丽多彩，还有生活在这里的各族人民所创造的美好生活，以及深厚灿烂的多民族文化。

伊犁河古代叫伊丽水，是关系西北农田的著名河流。历史上，塞人、月氏人、乌孙人、突厥人等，都曾生活在伊犁河流域。

▲伊犁河大桥

这里是哈萨克民族形成的重要地区之一。歌和马是哈萨克族的两只翅膀，所有的哈萨克族人都能歌善舞，他们把善咏史诗的人称为阿肯，这些民间艺人能背诵很多长诗，能即兴赋诗歌唱，在群众中受到尊敬和欢迎。哈萨克族是个善于口授历史的民族，他们把家族和部落的历史一代一代地传下去。因此，由民间诗人一代代传授的口头文学极为丰富，不仅有神话故事、传奇人物，还有大量的牧歌、婚礼歌等。

伊犁河北岸近百千米的沿河地带，是维吾尔族的主要聚居地。行走在这片充满诗意的土地上，你常常会被那些富有阿拉伯风格的民居和有葡萄长廊的庭院所吸引。每当晚霞洒落在林荫间，从庭院里、从果园深处便会飞出富有感染力的欢快优美的旋律，伴随着都塔尔琴声，一曲伊犁维吾尔族民歌《牡丹汗》令你如痴如醉，深感维吾尔族文化艺术的深厚和博大。

◆主要景点

一直以来，伊犁河阻隔着两岸的交往。传说当年成吉思汗的蒙古铁骑向西征讨，途中被伊犁河阻挡，不得不在河两边打下两根大木桩，靠羊皮筏子将几万大军运送到伊犁河对岸。今天仍然郁郁葱葱生长在察布查尔锡伯自治县爱新舍里镇的老榆树，据说就是当年蒙古铁骑渡河时留下的木桩。

五　其他著名江河

▲伊犁河日落

千百年来，隔河相望的人们靠羊皮筏子沟通往来，穿梭在波浪间。一直到清代才在伊犁河上建起了渡口，由官府管理，摆渡马车和行人。

这样的状况什么时候才得到改善呢？当伊犁第一座现代化桥梁——伊犁河大桥建成的时候，它圆了河两岸各族百姓千百年来的梦想。1975年，伊犁大桥建成通车是当年最重大的一件事，目睹过大桥通车的老人们回忆，通车那天伊犁河大桥两岸的河堤上人山人海，站满了十里八乡来观看通车盛典的老百姓。

滔滔向西的伊犁河水养育了生活在这片土地上的各族人民，而静静矗立的伊犁河大桥却见证了伊犁河两岸各族青年恋人们的爱情故事。

夏季的伊犁河大桥边，经常可以见到一对对情侣依偎在桥头的身影，亲昵又温馨。身着婚纱的维吾尔族新娘依偎着新郎在伊犁河大桥上流连的情景，则吸引了许多到伊犁旅游的游客。

大家知不知道，伊犁的维吾尔族青年举办婚礼时，迎亲的花车有一个必定要去的地方，那就是伊犁河大桥，这是因为伊犁河大桥曾见证了爱情的花朵绽开，所以也应该分享爱情的果实。黄昏时分，迎亲的队伍踩着欢快的鼓点，一路吹吹打打从闹市中驶过，浩浩荡荡奔向伊犁河大桥，驶过桥头后又返回举办婚宴的酒店，只为了在伊犁河大桥上留下一对新人的足迹。

一座城市，一座大桥，就这样如此紧密地联系在了一起，完全融入伊犁人的生活和情感之中。站在伊犁河大桥上，听见伊犁河哗哗的流水声在耳边回荡，凉风拂面，仿佛能够感受到一条河流随季节跳动的脉搏，感受到岁月从手边流逝……

国际河流

冰封为路的河流——黑龙江

◆ 流域概况

黑龙江蜿蜒在中国东北的边境上,总长度约5498千米,是世界上重要的国界河流之一。

黑龙江水量丰富,年径流量达到3465亿立方米。但是降水季节分配很不均匀,具体说,每年4~10月为暖季,降水量占全年的90%以上,其中单是6~8月就占60%多;等到11月份进入冬半年枯水期,基本不怎么下雨,少量的降水也因寒冷而变成雪。

每当秋天结束时,黑龙江就开始结冰封冻。南方人如果见到此景,很难想象眼前这片白色的旷野会是一条河。它安静、宽广、凝固,人可以在上面非常踏实地行走,就好像走在田野里。这样的状态要一直持续到年后,到第二年4月底才能开江。

▲漠河雪原风光

冰冻的日子一共有多少天呢？有 164 天，近半年的时间黑龙江都是硬邦邦的大冰块，最大冰厚在 1 米以上。这样的气候和河流特征很容易发生洪水。当春天来临，气温回升，整个冬天积在地表的 20 厘米～50 厘米的雪层就慢慢地融化，补给河流，河水上涨形成春汛。春汛过后没多久就是雨季了，是洪水的多发时节。

▲黑龙江源头额尔古纳河

◆ 人文背景

黑龙江的满语是"萨哈连乌拉"，其中"萨哈连"意为"黑"，"乌拉"意为"水"，为什么叫它黑龙江呢？因为这条河流经过的地区气候湿润，森林和草原茂密，地表层是富含腐殖质的黑土。黑龙江流淌在这样的地方，天长日久，河水含腐殖质多，呈青黑色，宛如一条黑色长龙蜿蜒于林莽间，所以有了这个名字。

黑龙江本来是中国的内河，19 世纪中后期沙俄强行占领中国黑龙江以北、乌苏里江以东大片领土后，它才成为中俄界河。2004 年，中华人民共和国和俄罗斯联邦签署最后边界协定，将两国国界以黑龙江为基本界限划清。

黑龙江沿线曾盛产沙金，在清朝达到繁荣，对带动当地经济发展起到了重要作用。

◆ 主要景点

1. 最北村落漠河

大家知道中国的最北端是哪里吗？在黑龙江北部的大兴安岭地区，有一个边陲小镇——漠河镇，它坐落在中国最北端，素有"中国的北极村"之称。它还有一个名字叫"不夜城"，为什么呢？由于纬度高，漠河到了夏天，白天特别长，最长可达 19 个小时。住在那里晚上睡觉要拉上厚厚的窗帘，不然亮得睡不着。最厉害的是夏至那天，极昼出现，大家会发现，晚上 11 点天仍然很亮，可以坐在白夜里看书。终于夜幕降临，可是没一会儿，到午夜后一两点，刚稍微黑了一会儿的天又开始放亮。此时，晚霞与朝晖在北方的天空上交相辉映，十分壮观。

漠河县前边是滚滚的黑龙江，旁边依傍着连绵大山，房舍是用圆圆的松木垒起来的，排列井然。这里每天都接待众多的国内外游人，尤其是每年夏至前后，旅游的人更是数不胜数。

为什么大家都在这时候来漠河呢？因为大家都想来看一个神奇罕见的自然现象——极光。这是我国唯一能欣赏极光的地方，是大自然恩赐给漠河人的礼物。

你是不是还不知道极光是怎么产生的呢？科学家说，当太阳带电粒子进入地球磁场，在地球南北两极附近地区的高空的夜间就会出现灿烂、美丽的光辉。任何彩笔都无法绘出那在严寒的两极空气中嬉戏无常、变幻莫测的炫目之光。

据见过的人说，北极光在北面天空开始出现时，是一个由小至大、颜色变幻不定的光环，等到它最灿烂时，光环慢慢移向东边，由大变小，逐渐消失。即使在漠河，也只有在每年夏至前后 9 天左右的时间内有可能见到极光，还需要晴朗的天气，那样北极和漠河之间才没有云层阻隔。只有最幸运的人才能看到横空出世的极光，领略那光耀天地、流金溢彩的神奇景象。

2. 哈尔滨冰灯

黑龙江的省会城市哈尔滨被人们称为冰城，如果你曾在冬季到过哈尔滨，那你一定知道甚至见过，冰城人靠着自己的聪明才智和勤劳双手化平

五、其他著名江河

庸为神奇，创造出了一种独特的艺术——冰灯。

怎么把灯点在冰里呢？这其实并不困难，也不稀奇，冰灯是我国北方冬季民间流传的一种艺术形式。

早年，冰灯是有实用价值的，那时候在松嫩平原上喂马的农夫和松花江沿岸捕鱼的渔民，常在冬季制作冰灯来作为照明用具。它的做法很简单：把水倒入桶中放在屋外进行冷冻，在水没有冻实之前，赶紧把桶拿入屋里略微加热，桶就会和冰坨自然分离。接着就可以轻松地拔出冰坨，只要凿开顶心，把中间没有冻上的

▲哈尔滨冰雕

水倒掉，一个中空的冰罩就做好了，再将灯盏放到里面，整个冰灯的制作就算完成了。

后来，穷苦人在新春佳节之夜，买不起灯笼却又不甘寂寞，于是也做冰灯摆在门前热闹一番，或者烫孔穿绳让孩子提着玩，多少也增加些节日气氛。

今天，哈尔滨的冰灯主要是指以冰雪为材料的造型艺术，更多是作为一种欣赏的艺术品出现。早在上世纪60年代初，哈尔滨市就开始举办每年一届的冰灯游园会。当时的冰灯制作很简陋，艺术性也不高，但这项活动却激发了冰城人冰雪艺术创作的激情。

如今，哈尔滨冰灯艺术博览会已经成为世界上形成时间最早、规模最大的室外露天冰灯艺术展。哈尔滨人用松花江的天然冰进行创作，用自己的灵气雕塑出千姿百态的冰雕艺术作品，组成一个个冰奇灯巧的世界。

哈尔滨的冰灯艺术年年有新变化，被人们称为"永不重复的童话"。

一江连六国——澜沧江

◆ 流域概况

澜沧江是中国西南地区的大河之一，也是东南亚第一大河。

它是一条国际河流，而且是亚洲流经国家最多的河。澜沧江自我国青藏高原唐古拉山流出后，从青海经西藏进入云南，出了中国后，又流经缅甸、老挝、泰国、柬埔寨和越南，最后注入南海。澜沧江全长4880千米，其中流经东南亚的那一段叫湄公河，是母亲的意思。

澜沧江的上游和中游河道穿行在横断山脉间，河流深切，下游沿河多河谷平坝。总体上来说，澜沧江的水力资源丰富，蕴藏量达3656万千瓦，可以开发的也有约2348万千瓦。

◆ 人文背景

澜沧江，傣语里叫做"南兰章"，它的原意是百万大象之河。在远古时代，两岸起伏连绵的群山中森林茂密，地广人稀，十分适合野象生息。由于两岸野象成群，所以有"南兰章"这个名字，又因为兰章与澜沧音近，汉族就把它叫做澜沧江。

澜沧江—湄公河流域处在东南亚、南亚和中国西南的结合部，是连接东盟和中国的陆路桥梁。

由于流经区域具有独特的气候特点和地理条件，澜沧江—湄公河水系孕育了世界上最丰富的淡水鱼类生态系统。整个流域内已知鱼类多达1700种，鱼类多样性在世界大江大河排名中名列第二，仅次于亚马孙河流域。

澜沧江—湄公河的鱼类资源对整个流域内人们的生计至关重要，

▲澜沧江

这里有 6 个国家，住着 6500 万人，澜沧江—湄公河就是他们获取蛋白质和营养的主要来源。在这里，淡水鱼类年捕获量高达 180 万吨，价值 14 亿美元，是世界上最大的内河淡水渔业，也是人类和动植物生存不可或缺的生命乳汁。

◆ 主要景点

1. 西双版纳

澜沧江流域有一只美丽的绿孔雀，它就是西双版纳，在古代傣语中叫做"勐巴拉那西"，意思是"理想而神奇的乐土"。

从世界地图上一眼看去，会发现在西双版纳同一纬度上的其他地区，几乎都是茫茫一片的沙漠或戈壁，荒无人烟，唯有这里的 2 万平方千米的土地，像块镶嵌在皇冠上的绿宝石，格外耀眼。

为什么只有西双版纳可以逃脱荒漠的命运？西双版纳在北回归线以南，热量丰富，终年温暖，又因为幸运地离海洋比较近，受印度洋西南季风和太平洋东南季风的影响，常年湿润多雨，所以才有今天森林繁密的景象。

这只绿孔雀最美丽的尾巴是宁静、纯朴的橄榄坝。当地有这样的说法："到云南不到西双版纳，不算到过云南；到西双版纳不乘船游览澜沧江，则不算到过西双版纳；乘船游澜沧江不观赏橄榄坝风光，就感受不到傣家村寨的美景。"虽然略有夸张，但橄榄坝的确是西双版纳最完美的缩影。

橄榄坝在傣语中叫做"勐罕"，"罕"的意思是卷起来。传说，佛祖释迦牟尼到这里讲经，教徒们就用棉布铺在地上，请佛祖从上面走过去，佛祖走过后，教徒又把布卷起来，"勐罕"就是这样得名的。

橄榄坝地势低，气候湿热，具有浓郁的热带南国风光。在那里，一年到头都是青翠嫩绿的颜色，随意走几步，你就会看见椰林深处隐藏的庭院式的傣家竹楼，一家一幢，四四方方。再走近些看，房前屋后生长着如伞的高榕，周围圈着竹篱笆，篱笆边还种着仙人掌和无花果。拐过一个弯，在转角处等待你的或许是迎风摇曳的凤尾竹，也或许是悬挂枝头的菠萝蜜⋯⋯

在这个乐园里，傣家妇女穿着鲜艳的筒裙，肩挑竹箩，走过树林，你的目光是不是不由自主就被吸引走了,那健美的身姿,那轻盈的步履,好一群翩翩起舞的孔雀!

傣族是与水有缘的民族,他们的民谚说:"泡沫跟着波浪漂,傣家跟着流水走。"傣族人心目中的水,是孕育万物的乳汁,是生命的血源。在傣族的创世史诗中,开天辟地的英叭天神就是用水混合其他物质造就了地球。傣族人建立家园的时候都相信"无山不狩猎,无河不建寨",所以,所有傣族村寨都傍水而建。

知道了这点,大家也就不会奇怪为什么傣族人喜欢用泼水节来庆祝他们的新年。那是他们最隆重的节日,大约在公历四月中旬,会持续三天。

在节日清晨,傣族的男女老少就穿上盛装,挑着清水,高高兴兴地出门了。他们会先到佛寺浴佛,然后来到澜沧江畔,互相泼水祝福。刚开始的时候,傣家姑娘还是彬彬有礼,她们一边说着祝福的话语,一边用竹叶、树枝蘸着盆里的水向对方洒过去。等到了高潮,人们就开始用铜钵、脸盆,甚至水桶盛水,在大街小巷嬉戏追逐。如果你在那里,只会觉得迎面的水、背后的水……四面八方尽情地泼来。再看看周围的人,一个个全身湿透,又一个个兴高采烈。一段水的洗礼过后,人们还会围成圆圈,在铓锣和象脚鼓的伴奏下,不分民族,不分年龄,不分职业,翩翩起舞。"水!水!水!"的欢呼声不绝于耳,人们如痴如醉,一直欢笑到深夜。

▲西双版纳泼水节

2. 卡瓦格博峰

从云南省德钦县城沿滇藏公路北上，开车大概 10 千米，大家会看见澜沧江对岸数百里冰峰接踵而至，绵延不绝，势如刀劈斧削，气势非凡。

没错，这就是闻名遐迩的梅里雪山，而它的主峰就是卡瓦格博峰。梅里雪山有 13 峰，卡瓦格博峰是最高的一座，海拔 6740 米，远远望去，就像一尊佩戴银盔玉甲的威武刚强的勇士，在蓝天下昂首挺立。

在藏文经典中，称卡瓦格博峰是"绒赞卡瓦格博"，"绒"的意思是河谷地带，"赞"是神灵的名字，有强大、险峻之意，整个连起来就是"河谷地带险峻、雄伟的白雪山峰"。卡瓦格博不仅是指一座山峰，它是主峰、山神及整个梅里雪山三位一体的称呼。

藏文传说在松赞干布时期，卡瓦格博曾是一座无恶不作的妖山，密宗祖师莲花生大师历经八大劫难，驱除万般苦痛，最终收服了卡瓦格博山神。

▲卡瓦格博峰

从此，它改邪归正，皈依佛门，做了千佛之子格萨尔麾下一员剽悍的神将。至此，它也成了藏区众生绕圈朝拜的胜地。

藏族人民相信，每一座高山的山神都统领一方自然，而卡瓦格博则统领整个自然界。在卡瓦格博山下，你不能谈论一切细微之处的美丽，因为这语言仅仅赞美了整个自然界极其微小的一部分，而这就是对卡瓦格博山神的不敬，也是对广博的自然的不敬。

如果大家想一睹卡瓦格博峰的容颜，最理想的季节是10月底。那时候，天气晴朗，空气洁净，透明度高。其次是秋末到春初，这个时节，神山上的云雾变化奇幻，很是动人。

每当黎明，天空无一丝云彩，雪峰在昏暗的背景中异常醒目。当第一抹阳光照耀下来，橙色慢慢地亲吻雪山，山谷里开始升起腾腾细雾，雾气越来越多，越来越密，并且越升越高，在雪峰之下的针叶带形成了一条洁白的云带，藏民称之为"卡瓦格博献哈达"。随着太阳的升高，云带不断上升，到中午时分，云朵飘浮在卡瓦格博峰顶上，就是"卡瓦格博打伞"。能领略这种景致的机会不多，因为云带升到高空，受风力吹拂，已断成云块，要恰好与峰顶在一起的机会是不多的。据藏民说，只有有缘之人才能有此福分。

在其他季节，梅里雪山的气候瞬息万变，想看卡瓦格博峰就更得有好运气了。藏民说，如果有机会见到，就该心存感激。

中朝界河——鸭绿江

◆ 流域概况

我国与朝鲜的边界是哪条河？就是流淌在我国东北地区的鸭绿江，它流过吉林省和辽宁省东部边境，将朝鲜与我国分隔开来。

鸭绿江发源于长白山南麓，沿中朝边界向西南流，途中汇集浑江、虚川江、秃鲁江等支流，在辽宁丹东的东港市附近向南注入黄海，全长795千米。

◆ 人文背景

鸭绿江在古代叫坝水，汉代称为訾水，到了唐朝才开始有鸭绿江这个名字，据说是因为江水颜色青绿，恰似鸭头。

五 其他著名江河

1950年，美军军队在朝鲜半岛南部西海岸的仁川登陆，朝鲜人民军腹背受敌，损失严重。对此，中国政府几乎每天都通过广播警告美国，如果跨过三八线，中国就会出兵。

但麦克阿瑟认定中国不敢出兵与美国对抗，于是不顾中国政府的多次警告，美军于10月1日越过北纬38°线，19日占领平壤，并企图迅速占领整个朝鲜，而且公然声称："在历史上，鸭绿江并不是中朝两国截然划分的、不可逾越的障碍。"同时，美国飞机多次侵入中国领空，轰炸丹东地区，战火即将烧到鸭绿江边。10月8日，朝鲜政府请求中国出兵援助。中国根据朝鲜政府的请求，做出"抗美援朝、保家卫国"的决策，迅速组成中国人民志愿军入朝参战。10月19日，中国人民志愿军正式赴朝参战。

中国人民志愿军跨过了鸭绿江，3年的战争，30多万中国青年的热血，为古老的中华民族跻身于世界强国之林铸造了一个起跳点。今天，当你来到鸭绿江边，你是否听到了那遥远而嘹亮的歌声："雄赳赳，气昂昂，跨过鸭绿江，保和平，为祖国，就是保家乡！"

◆ 主要景点

1. 云峰湖

在鸭绿江上游40千米处，有一个100多平方千米的人工湖，那是在云峰发电厂的大坝拦截下形成的，它的名字叫做云峰湖。

云峰湖景区三面环山，一面临水，大家到了那里，离朝鲜也就是一河之隔了。如果大家泛舟湖上，或许能够看到朝鲜人民劳动生息的身影，体会一番独特的民族风情。在云峰湖，不用出国就能感受到异国情调，那是很有意思的。

云峰大坝与朝鲜国土紧密相连，国境哨、中朝界碑都在坝上傲然屹立，诉说着一分一毫都弥足珍贵的距离。

云峰湖虽然是人工湖，但景区里的野生动植物资源却非常丰富。因为生态环境保护得好，云峰湖中盛产鲤鱼、鲫鱼、草鱼、鲶鱼、白鲢，更有清朝贡品细鳞鱼等20多个品种；山上则是树木葱郁，松、椴、楸、桦……种类丰富；飞禽走兽生息繁衍，熊、獐、狍、鹿、雉……构成了一幅跳跃的生态画面。

2. 丹东鸭绿江大桥

鸭绿江的美，还在于它有一道独特的风景，即在一处位置居然有双桥屹立，那就是著名的"中朝友谊桥"和"断桥"。

在辽宁省丹东市区内，相隔不足百米就有两座桥。这是怎么回事呢？第一座桥建于1909年，是世界上最早的开闭式桥梁，这座桥从中方数第四孔为开闭梁，可旋转90°，便于往来船只航行；第二座桥建于1940年，是铁路公路两用桥，全长940米，距离上一座不到100米。

在1950年的朝鲜战争中，第一座桥被美国飞机的轰炸所毁，只剩下中方这边的半截，朝鲜一侧只留下光秃秃的几个桥墩。这座桥在战争结束后被保留了下来，习惯上人们叫它"断桥"。1993年，经政府重新修整，开辟成为丹东的断桥游览区，桥身被漆成了浅蓝色，意在不忘战争，祈盼和平！

抗美援朝，保家卫国。正是这座弹痕累累的断桥，把帝国主义的战火阻挡在了国门外。它见证了一段难以磨灭的战争史，也记载着无数可歌可泣的激情岁月。和平年代，我们再看这座大桥，它像是一幅优美的版画，充满了军人的阳刚和威武，仿佛是这座城市的丰碑。

▲鸭绿江

五　其他著名江河

▲鸭绿江大桥夜色

第二座桥就是今日的中朝友谊桥，属于中朝两国共管。现在它是中朝两国的交通要道，也是游人观光的主要景点之一。

3. 虎山长城

在鸭绿江畔有一座山，隔江与朝鲜的新义州遥遥相望，它就是虎山。

虎山原名马耳山，因为山上有两座并排高耸的山峰，形状就像两只竖立的耳朵，因此也有人叫它虎耳山，到清代慢慢演化为虎山。

虎山突起在鸭绿江边，正所谓平地孤耸，视野开阔。站在山顶，对岸朝鲜的田地、房屋一览无余。

作为国门，在虎山建造长城的确有军事意义。丹东历次被外敌入侵，虎山首当其冲，总被视为军事要塞最先遭到攻击。任何一个懂得军事的人都知道，占据制高

▲虎山长城

217

点就等于掌握了战斗的主动权。所以在虎山修建了长城,作为安全的屏障。

所以,现在大家爬到虎山峰顶,仍可以见到万里长城的第一个烽火台。

唯一注入北冰洋的河流——额尔齐斯河

◆ 流域概况

如果赋予河流人的喜怒哀乐,那么额尔齐斯河一定是一条很有性格的河流。

在广阔的中华大地上,西高东低的地势引导着成千上万条河流殊途同归,滚滚东流,但在那些河流中,额尔齐斯河之所以那么与众不同,是因为它不畏艰险地冲出寒冷的雪山,一路辗转,向西北奔去,奔向更加寒冷的北冰洋。

额尔齐斯河是我国唯一流入北冰洋的河流。它源于我国阿尔泰山西南坡,由喀依尔特河和库依尔特河汇合而成,在富蕴县城附近受地质断裂带影响,以90°急转弯向西北奔腾而去。额尔齐斯河全长4248千米,在我国境内只有一小部分,大约546千米。

高山冰雪融化,山涧泉水涌流,造就了额尔齐斯河水的纯洁与冰清。以大东沟里的神钟山为界,额尔齐斯河的水流风格迥异:神钟山以上,水势磅礴,直泻而下,似珠飞玉碎,击石声震耳欲聋,蔚为壮观,就像是在演奏一曲激昂的交响乐;神钟山以下,水流静谧平缓,或钻石觅缝,汩汩如泉,或淌过石板,潺潺成溪,将峡谷点缀得多姿多彩。

◆ 人文背景

额尔齐斯河又叫"送子河"。这条河与"送子"有什么关系呢?原来,额尔齐斯河水的源泉主要来自阿尔泰山上的冰雪融水,经过科学考证,发现河水中含有大量的重氢。长期饮用含重氢的河水对人体是有害的,但对于不孕的妇女来说,却会因祸得福。就连额尔齐斯河两岸所饲养的鸡、鸭、鹅等家禽,也因为饮用额尔齐斯河水,致使产蛋量高于其他地区。

额尔齐斯河还是一条英雄河。这条河的两岸,曾发生过数不清的战争,

五　其他著名江河

河水记载着无数的民族血泪和不屈的抗争。千百年来，她的儿女们一直汲取着她的乳汁，讲述着她的故事。

▲额尔齐斯河

13世纪中叶，一代天骄成吉思汗所率的蒙古铁骑统一了斡难河流域后，便兵至额尔齐斯河流域。据史书记载，成吉思汗曾六次跨过阿尔泰山，在额尔齐斯河休整军马，并在这里击败了敌方的大军。

清代初期，为平定准噶尔贵族的叛乱，清政府曾数次在额尔齐斯河进行屯垦。1757年，准噶尔叛乱平息后，乌梁海人从科布多盆地迁到额尔齐斯河流域，从事采捕和游牧。

清末民初时，沙俄又数次窥觎额尔齐斯河的渔业资源和两岸土地，但是他们的妄想都被我方军民一一击碎了。

滔滔河水,荡去多少英雄血、民族泪。当战火的余烬平息,硝烟散去,额尔齐斯河两岸的风光沐浴在和平的阳光下,仍然是那么美丽动人。

◆ 主要景点

1. 喀纳斯湖

喀纳斯是蒙古语,意思是"峡谷中的湖"。这名字非常贴切,因为喀纳斯湖就在新疆维吾尔自治区的阿勒泰地区,是一个坐落在阿尔泰深山密林中的亚寒带高山湖泊。

▲喀纳斯湖

这个深藏在阿尔泰山友谊峰下的湖泊,其实是额尔齐斯河支流喀纳斯河上最宽的一部分。喀纳斯湖的湖面海拔为1374米,四周原始森林密布,阳坡被茂密的草丛覆盖。湖水来自奎屯、友谊峰等山的冰川融水和当地降水,从地表或地下泻入喀纳斯湖。

在喀纳斯湖最北端的入湖口,有一条千米枯木长堤,是喀纳斯湖奇观之一。它奇特在哪里呢？在洪水期，枯木长堤会飘起来。按理来说，这些枯木会向下游漂，但是多少年来，它们却执著而奇怪地逆流而上，长长地横列在喀纳斯湖的最上游六道湾。据说，有人曾经尝试把枯木扔到下游五道湾里，结果那枯木还是奋力地回到老地方，与枯木长堤连为一体。

为什么枯木要往上游跑呢？这是自然的一个小魔术。每当洪水季节，河水将上游大量的枯木携带漂入湖口，强劲的谷风在遇到喀纳斯湖南面的巨大山体后，风力不得不变向，结果就将漂入湖水中的浮木推动着逆流上漂。日积月累，在湖口汇聚堆叠的枯木越来越堵，竟然成了一条100多米宽、长2000米枯木纵横交错的长堤。长堤随着水波上下浮动，但却永远不会远离上游。

喀纳斯湖的另一奇观是变色，被称之为"变色湖"。

大家如果春夏时节去看喀纳斯湖，会发现它的湖水竟然随着季节的变化而变换颜色。5月，冰雪刚刚消融，湖水幽暗，是青灰色的；到了6月，山林郁郁葱葱，湖水也随着周围的植物泛绿，或者是浅绿，或者是碧蓝；7月以后是洪水期，上游白湖的白色湖水大量补给，喀纳斯湖由碧绿色变成微带蓝绿的乳白色；到了8月，湖水受降雨的影响，又呈现出墨绿色；到了秋天，湖水的补给明显减少，变成了翡翠色，与周围色彩斑斓的植物相呼应，显得光彩夺目。

2. 五彩滩

如果你去过五彩滩，等你转身离开时，你会怀疑那个神秘诡异、如梦似幻的五彩之城是否存在。以及它的光与影，虚与实，它的面貌，都很难用语言完整而真实地表达出来。

五彩滩位于新疆阿勒泰地区，处在额尔齐斯河北岸的一二级阶地上，海拔480米。

五彩滩的岩层有两大特点，一是形状参差，二是颜色斑斓。

五彩滩是在河流侵蚀、切割以及狂风侵蚀的共同作用下形成的。由于河岸岩层抗风化能力的强弱程度不一，因此形成了参差不齐的轮廓。又因为岩层组成丰富，有红色、土红色、浅黄和浅绿色砂岩，还有泥岩和沙砾岩，所以本来平淡无奇的岩石就拥有了五彩缤纷。

▲五彩滩

　　尤其是日落时分，在夕阳照射下，多变的气候光影让五彩滩呈现出更梦幻的绚烂色彩，各种各样的地形像是古堡，又像是怪兽，让你不禁怀疑自己是不是到了童话世界。

　　五彩滩是大自然的奇迹。它与碧波荡漾的额尔齐斯河相邻，又与河对岸葱郁青翠的河谷风光遥相辉映，真是"一河隔两岸，胜似两重天"！大自然这个艺术家，将截然不同的两种地貌巧妙地结合在一起，构成了一幅浑然天成的别样景致。

六 水利工程

珍藏中国 中国的江河

中国古代最大的灌溉渠道——郑国渠

郑国渠是一位名叫郑国的人主持修建的,郑国是战国时期的韩国人,但郑国渠却在今天的泾阳县西北方向的泾河北岸,也就是位于战国时期的秦国境内。

为什么韩国的臣子会为秦国建造水渠呢?著名的郑国渠又是怎样一项工程呢?

历史的书页要翻到公元前237年,秦王采纳了韩国水利专家郑国的建议——开凿大型灌溉渠。郑国渠是郑国花费10多年的时间建造的,是我国古代最大的一条灌溉渠道。它西引泾水,以泾水为水源,灌溉渭水北面农田,长达150余千米,灌溉面积达18万公顷。

秦国所在的关中平原的特点是西北略高,东南略低。郑国就充分利用这一有利地形,在礼泉县东北的谷口开始修干渠,使干渠沿北面山脚向东伸展,很自然地把干渠分布在灌溉区最高地带,不仅最大限度地控制灌溉面积,而且形成了全部自流灌溉系统,在那个时代,这是多么先进的"自动化"技术啊!

为什么郑国要为秦国建造水利设施呢?这里面还有一番曲折。

书页再次翻到战国时期,那时的天下纷争不断,兼并战争十分惨烈,而历史的脉络正朝着

▲民国期间,泾惠渠的渠闸及排洪工程施工现场

六 水利工程

建立统一国家的方向发展。一些强大的诸侯国都想以自己为中心，统一全国。

故事的主角之一——秦国，是以关中平原为基地的一个强国，军事力量突出，它为了在兼并战争中保持优势，立于不败之地，就必须要增强自己的经济实力。在当时，一国经济不像现在这么复杂，最关键的就是看粮食多不多。所以，秦国就需要发展关中的农田水利，以此来提高粮食产量。

故事的另一个主角——郑国所在的韩国，是秦国东边的邻居。虽然是邻居，但这两个国家的实力却相差极大。在战国七雄——秦、齐、楚、燕、赵、魏、韩中，秦国国力一流，发展蒸蒸日上，自然也就对其他国家虎视眈眈。秦国如果想向东边扩张领土，首当其冲的就是要吞并韩国。可怜韩国是个小国，而且孱弱到不堪一击的地步，随时都有可能被秦并吞。

公元前246年，在走投无路的情况下，韩桓王采取了一个出

▲郑国渠遗址

乎意料的"疲秦"策略。他决定派著名的水利工程人员郑国去做间谍，让他进入秦国，以发展秦国农业为理由，说服秦王在泾水和洛水间穿凿一条大型灌溉渠道。所谓"疲秦"就是借修建大型工程之名来消耗秦国实力。

本来就想发展水利的秦国很快地采纳了这一诱人的建议，并立即征集大量人力和物力，任命郑国主持兴建这一工程。在施工过程中，韩国"疲秦"的阴谋败露，秦王大怒，要杀郑国。但没想到郑国非常镇定，他说："虽然最初我的确是作为间谍进入秦国的，但水渠修成之后，得到好处的是秦国啊。我不过是帮韩国多拖延了几年的性命而已，但这却能为秦国建立万世的功业。"

秦王也是位很有远见卓识的政治家，当然知道郑国说得有道理，而且秦国的水利工程技术还比较落后，也的确需要郑国的指导与帮助。所以，

间谍身份暴露之后，郑国不仅没有受罚，他在秦国的生活也还是一如既往，受到秦王重用，专心建造水利工程。10多年之后，水渠完工，对于当地的百姓而言，少了干旱的威胁，是幸事一件。人们自然而然地称它为郑国渠，而不再计较那些政治、军事的曲折。

郑国渠造福一方水土，发挥灌溉效益100多年，但它的作用不仅仅在于此，还在于它首开了引泾灌溉的先河，对后世引泾灌溉有着深远的影响。

秦以后，历代继续在这里完善水利设施。先后历经汉代的白公渠、唐代的三白渠、宋代的丰利渠、元代的王御史渠、明代的广惠渠和通济渠、清代的龙洞渠等渠道。

最近的一次完善则是建造了目前还在使用中的泾惠渠。泾惠渠建于1930年，此前数年，陕西关中发生大旱，粮食长不出来，很多人都被饿死。引泾灌溉，急若燃眉，在这关键时刻，我国近代著名水利专家李仪祉先生临危受命，毅然决然地挑起在郑国渠遗址上修泾惠渠的重任。在他亲自主持之下，数千民工辛劳苦干，一共花了两年的时间，终于修成了泾惠渠。

1932年6月，泾惠渠放水灌田，引水量16立方米/秒，可灌溉60万亩土地。可以说，李先生的完善再一次延续了郑国渠的生命，这古老的水利工程至此开始继续造福百姓。

郑国渠不仅是最早在关中建设的大型水利工程，它的工程之浩大、设计之合理、技术之先进、实效之显著，在我国整个古代水利史上都是少有的，也在世界水利史上所少有的。

郑国渠——泾惠渠，犹如一条闪闪发光的银线，牵来了泾河流域的美丽富饶。经历了2000多年的沧桑巨变，现在大家去泾阳县，还可以找到历代引泾工程的遗址。它们就像是一块块水利的活化石，带领我们进入天然的水利断代史博物馆。

在那里，看着完全是在石头上凿出的水道，你一定会对古人深深佩服。当年人们为了一小段水渠所花费的工夫，不是今天的人可以比的。这样一项大型水利工程，开凿难度恐怕不会低于长城。长城抵御了外人，而比长城更古老的郑国渠则滋润了国人，惠泽四方。

中国最古老的运河——灵渠

▲灵渠

灵渠又称湘桂运河，也叫兴安运河，建成于秦始皇三十三年，在广西壮族自治区兴安县境内。灵渠与都江堰、郑国渠并称为秦代三大水利工程，它不仅是我国，也是世界最古老的运河之一。

关于灵渠的开凿，需要从古代一次有名的战争说起。公元前221年，秦始皇统一六国以后，为了完成统一中国的大业，他接着向岭南地区发动了战争。秦始皇投入了50万攻无不克的精锐部队，兵分五路，向百越之地推进。其中，向现在江西余干县前进的一路军队，势如破竹，一举攻占了东瓯、闽越地区，并设置了闽中郡。而向广西进攻的一路秦军却没有那么幸运，他们遇到了部族首领的顽强抵抗，伤亡惨重。

原来，秦军到南方后就犯了水土不服的毛病，又不适应山地作战，很多士兵都因此而病倒了。再加上岭南地区山路崎岖，运输线太长，粮食接济也很困难，这使得军队士气大落。于是，解决军粮的运输问题成了决定这场战争胜败的关键。这种暂时的战争挫折并没有动摇秦始皇统一岭南的信念，在跟将领们了解了兴安地形后，秦始皇果断地作出了一个重大决定——派史禄凿渠运粮。

这听起来有点儿太不可思议，但劳动人民的智慧是无穷的，在史禄的主持下，经过秦军与普通人民的艰苦劳动，几经寒暑，灵渠竟然开凿成功，它奇迹般地把长江水系和珠江水系连接了起来。

灵渠一共有大、小天平，铧嘴，南北渠，泄水天平，陡门五个部分。大、小天平是建在湘江上的拦河滚水坝。在汛期，洪水可从坝面流入湘江故道，平时可以使渠水保持在1.5米左右的深度，因为能平衡水位，所以叫"天平"。天平大坝是历史上最古老、最有科技含量的大型工程，它经历了2000多年的洪水冲刷，却始终巍然屹立。

为什么能这样坚固呢？关键在于"水浸松木千年在"，秦国把松木纵横交错地插放在坝底，四围再铺以用铸铁件铆住的巨型条石，形成整体。这个奥秘是上世纪80年代维修大坝时才发现的。

灵渠上还有另一个古代建筑史上的惊世之作——陡门。那是世界上最早的船闸，对世界水利航运发展有过重大的影响。灵渠的一些地段流急水浅，航行困难。为解决这个问题，古人在水流较急或渠水较浅的地方设立了陡门。

古人把渠道划分成若干段,并装上闸门,在打开两段之间的闸门后,两段的水位就能升、降到同一水平,便于船只航行。灵渠最多时有陡门36座,因此又叫"陡河"。1986年11月,世界大坝委员会的专家到灵渠考察,称赞"灵渠是世界古代水利建筑的明珠""陡门是世界船闸之父"。

灵渠建成后,从湘江用船运来的粮饷可以通过它进入漓江,并源源不断地运至前线,以保证战事的需要。有了充足的物资,将士们势如破竹。秦始皇三十三年,秦军终于将岭南全部攻下,设置桂林、南海、象郡,派兵戍守。

至此,秦始皇完成了统一全国的伟大事业,而灵渠则为完成这一伟大事业作出了重要的贡献。

站在今天的角度看,灵渠水利枢纽工程的建造工艺并不复杂,但所有设计和施工的参与者忠诚守责,精细严谨地开好每一块石料,接好每一道石缝,这才使枢纽的每一个细节都经得起风雨的侵袭、流水的冲击,屹立2000多年而不朽。

灵渠能够保存到现在,除了它自身坚固之外,还与一代代人对它的精心保护分不开。无论在历朝历代管理灵渠的官员眼里,还是在世代生活在灵渠边的平常百姓心中,都清楚它不可替代的价值,因此大家都竭心尽力地管理和爱护灵渠。

作为世界最早的人工运河,灵渠曾经导引过无数南来北往的舟船,也曾有过无限的风光。它灌溉土地,济世济人,在无数人的心里留下了美好的记忆。有人用"北有长城,南有灵渠"的说法来说明它的历史地位,但这两者的气质又是截然不同的:长城的雄壮和险峻,透露出拒敌千里的冷漠;灵渠的宁静与从容,洋溢着沟通心灵的温情。

今天,灵渠安详的就像一位避世于山野的隐者,饱经风雨变化已无忧,见惯世道兴衰而不惊。安然、从容、淡泊,终日以清清流水为伴,任天上流云往来舒卷。

 中国的江河

世界最伟大的生态工程——都江堰

今天，成都平原富饶繁荣，号称"天府之国"。大家可能无法想象，在历史上，这里曾经是一个水旱灾害十分严重的地方。每当春夏山洪暴发的时候，岷江水奔腾而下，从灌县进入成都平原，由于河道狭窄，常常引发洪灾，洪水一退，又是沙石千里。而岷江东岸的玉垒山则阻碍了江水东去，造成东岸干旱，颗粒无收。就像《蜀道难》中哀叹的："上有六龙回日之高标，下有冲波逆折之回川。黄鹤之飞尚不得，猿猱欲度愁攀援。"李白的诗句不仅是艺术的抒情，也是真实的写照。这种恶劣的状况正是岷江的自然条件造成的。

那又是什么化腐朽为神奇，改变了成都平原呢？是都江堰。

都江堰位于四川省成都平原西部的岷江上，是中国古代建设且使用至今的大型水利工程，被誉为"世界水利文化的鼻祖"。

▲都江堰

这个伟大工程的建造要从战国时期说起。当时，烽烟四起，战乱纷呈，饱受战乱之苦的人民渴望中国尽快统一。而经过商鞅变法改革的秦国，名君贤相辈出，国势日渐强盛。并且，秦国正确认识到巴蜀地区在统一大业中特殊的战略地位。在这一历史大背景下，秦昭王找到了李冰，委任他为蜀国郡守。李冰是个隐士，但他懂得天文地理，是个有知识的人。李冰上任后，首先下决心根治岷江水患，发展川西农业，造福成都平原。农业在当时是国家最重要的

六　水利工程

▲都江堰用于阻挡洪流的"杩搓"

经济基础，由此可知李冰的眼光很长远、很准。

公元前256年，秦国蜀郡太守李冰和他的儿子在吸取前人治水经验的基础上，率领当地人民，主持修建了著名的都江堰水利工程。都江堰的整体规划是将岷江水流分成两条，其中一条水流引入成都平原，这样既可以分洪减灾，又可以引水灌田、变害为利。主体工程包括鱼嘴分水堤、飞沙堰溢洪道和宝瓶口进水口。

这么精巧、细致的工程是怎么建造起来的呢？首先建造的是宝瓶口。李冰和他的儿子带领有治水经验的人，对地形和水情作了实地勘察，大家讨论后得出一个结论：必须凿穿玉垒山，然后引水。因为只有打通玉垒山，岷江水才能够畅通流向东边，从而减少西边江水的流量，使西边的江水不再泛滥，同时也能解除东边地区的干旱，使滔滔江水流入旱区，灌溉良田。这个一举两得的工程是治水患的关键环节。

可是，怎么凿山呢？当时连火药都还没有发明。玉垒山上的石头坚硬顽固，村民们用了很多方法去挖、去凿，但进展却非常缓慢。后来，有一位经验丰富的老人建议以火烧石，通过加热后膨胀让石头爆裂。这个方法大大加快了工程进度，终于在玉垒山凿出了一个宽20米、高40米、长80米的山口。因为形状很像瓶口，所以取名"宝瓶口"，而把开凿玉垒山分离的石堆叫做"离堆"。

宝瓶口引水工程完成后，虽然起到了分流的作用，但因江东地势较高，江水难以流入宝瓶口。所以，为了使岷江水能够顺利东流，并且保持一定的流量，李冰父子又率领大众在岷江中筑分水堰。

分水堰有什么作用呢？它可以把江水分为两支：一支顺江而下，另一支被迫流入宝瓶口。分水堰怎么建造才坚固呢？在没有钢筋水泥的时代，李冰又一次发挥了劳动人民的智慧，大家把装满卵石的大竹笼放在江心，一层又一层，最后堆成一个形如鱼嘴的狭长小岛。因为江水可以从竹笼的卵石间流走一部分，这样反而减少了水对于整个分水堰的冲力。这个被后人称为"鱼嘴"的小岛把岷江分成了外江和内江，外江排洪，内江通过宝瓶口流入成都平原。

这样一个水利系统已经是非常完美了，但李冰做的远远不止于此。

▲ 鱼嘴分水坝

为了进一步控制流入宝瓶口的水量,防止灌溉区的水量忽大忽小,李冰又在鱼嘴分水堤的尾部,靠着宝瓶口的地方,修建了分洪用的平水槽和飞沙堰溢洪道。这又是什么好的方法呢?当内江水位过高的时候,洪水就经由平水槽漫过飞沙堰流入外江,使进入瓶口的水量不会太大,以保证内江灌溉区免遭水灾。同时,溢洪道前修有弯道,漫过溢洪道流入外江的水流会产生游涡。由于离心作用,水中的泥沙甚至是巨石都会被抛过飞沙堰,这样便不会淤塞内江和宝瓶口水道。这也是"飞沙堰"名称的由来。

为了观测和控制内江水量,李冰还雕刻了三个石桩人像,放在水中,用"枯水不淹足,洪水不过肩"来确定水位。

都江堰建好以后,长期苦于水旱灾害的成都平原一下子成为祥和富庶的"天府之国"。与都江堰同时期的水利工程,如古埃及和古巴比伦的灌溉系统,都因为沧海变迁,或湮没,或失效。唯独都江堰硕果仅存,今天还滋润着天府之国的万顷良田。

都江堰不仅是一项水利工程,它的创建还以不破坏自然资源为前提,变害为利,使人、地、水三者高度和谐统一,是全世界迄今为止仅存的一项伟大的"生态工程"。

珍藏中国 中国的江河

中国最长的运河——京杭大运河

京杭大运河是世界上开凿最早的人工运河,到现在已有2500多年的历史,京杭大运河也是目前里程最长的人工运河,全长约1794千米。

2000多年来,大运河几经兴衰,发展惠及运河两岸,不少城市因之而兴,积淀了深厚独特的历史文化底蕴。有人将大运河誉为"大地史诗",它与万里长城交相辉映,在中华大地上烙了一个巨大的"人"字!

京杭大运河有多长呢?它的通航里程是苏伊士运河的16倍、巴拿马运河的33倍。它北起北京,南到杭州,贯通海河、黄河、淮河、长江、钱塘江五大水系。

"一支塔影认通州",京门通州的标志性建筑——燃灯塔矗立在大运河的最北端,漕运的货物都在这里会师,然后再被海河一齐送入渤海。而京

▲京杭大运河从城市中穿过

杭大运河的最南端城市是因河而兴的杭州。

这项工程跨越了好几个时代，蕴含了无数技术人员和劳动人民的智慧心血。如果想将这条拥有千年历史的古运河开凿变迁的"前世今生"说清楚，恐怕三天三夜也说不完。

总体上来说，京杭大运河开凿于公元前 486 年，到 1293 年全线通航，工程共持续了 1779 年。开凿的时候还是春秋时期，公元前 486 年，吴王夫差为了争霸中原，利用长江三角洲的天然河湖港汊，疏通了由今苏州到扬州的"古故水道"。到隋朝，隋炀帝动用几百万人，基本全线贯通了大运河，为以后国家的经济、文化繁荣作出了巨大贡献。

经过唐宋的繁荣，大运河终于在元代成为沟通五大水系且贯通南北的交通大动脉。因为元朝定都北京，必须开凿运河把粮食从南方运到北方，为此先后开凿了三段河道，把原来以洛阳为中心的隋代横向运河修筑成以大都为中心，南下直达杭州的纵向大运河。并且，明清时还一直有维护和疏通。

京杭大运河建好以后，一直是历代漕运要道，对南北经济和文化交流有重大作用。19 世纪后，随着海运兴起，津浦铁路通车，京杭运河的作用逐渐减小。后来黄河迁徙，山东境内河段水源不足，河道淤积，几乎与岸持平，导致南北断航。而水量较大、通航条件较好的江苏省境内一段，也只能通行小木帆船。

新中国成立后，大运河部分河段已进行拓宽加深，裁弯取直，新建了许多现代化码头和船闸，航运条件有所改善，季节性的通航里程已达 1100 多千米。

京杭大运河是祖先留给我们的珍贵的物质和精神财富，是活着的、流动的重要人类遗产。在 2000 多年的历史进程中，大运河为我国经济发展、国家统一、社会进步和文化繁荣作出了重要贡献，留下了丰富的历史文化遗存，孕育了一座座璀璨明珠般的名城古镇，积淀了深厚悠久的文化底蕴。虽然与这条古老运河相关的人物一一逝去，并成为历史课本上的字迹，且被后世所铭记，但是古老的运河却没有消亡，它还在传承着历史、创造着未来。

中国的江河

世界上最大的水利枢纽工程
——长江三峡水利枢纽工程

长江三峡水利枢纽工程，简称三峡工程，是中国长江中上游段建设的大型水利工程项目。它是世界上规模最大的水电站，也是中国有史以来建设的最大型的工程项目，毛主席的诗句"神女应无恙，当惊世界殊"是在

▲三峡大坝

六　水利工程

描写三峡工程。

三峡工程被列为全球超级工程之一,大家知不知道它有十个"世界之最"。一起来数一数吧!

三峡工程是世界防洪效益最为显著的水利工程。三峡水库总库容393亿立方米,防洪库容221.5亿立方米,水库调洪可消减的洪峰流量最大可达3.3万立方米每秒,能有效控制长江上游洪水,增强长江中下游抗洪能力。

三峡工程是世界最大的电站。三峡水电站总装机容量为1820万千瓦,年发电量为846.8亿千瓦时。

三峡工程是世界建筑规模最大的水利工程。三峡大坝坝轴线全长2 309.47米,泄流坝段长483米,无论单项还是总体,都是世界建筑规模最大的水利工程。

▲长江三峡水利枢纽模型

三峡工程是世界工程量最大的水利工程。三峡工程主体建筑土石方挖填量约1.34亿立方米，混凝土浇筑量为2794万立方米，钢筋总量为460.3万吨。

三峡工程是世界施工难度最大的水利工程。2000年，三峡工程混凝土浇筑量为548.17万立方米，月浇筑量最高达55万立方米，创造了混凝土浇筑的世界纪录。

三峡工程是施工期流量最大的水利工程。三峡工程截流流量为9010立方米每秒，施工导流最大洪峰流量为79000立方米每秒。

三峡工程有世界泄洪能力最大的泄洪闸。三峡工程泄洪闸最大泄洪能力为10.25万立方米每秒。

三峡工程有世界级数最多、总水头最高的内河船闸。三峡工程的双线五级船闸，总水头113米。

三峡工程有世界规模最大的升船机。三峡工程升船机的有效尺寸为120×18×3.5米，最大升程为113米，过船吨位为3000吨。

三峡工程是世界水库移民最多、工作最为艰巨的移民建设工程。三峡工程水库动态移民最终可达113万人。

长江三峡水利工程虽然有十大世界之最，但由它所引发的移民、环境等诸多问题，使它从开始筹建的那一刻起，便始终与巨大的争议相伴。

我们当然要努力避免这样的情况，自1996年起，国家按期发放保护资金，三峡工程库区文物的抢救性保护和发掘开始进行。在重庆市中心，一座现代化的博物馆——三峡博物馆用来安放在抢救发掘工作中出土的大量文物。经过大量突击性的文物保护和抢救发掘，一批珍贵的有代表性的文物被保存下来，但可惜的是，它们毕竟只是其中幸运的一部分。现在仍有很多文物在水下静静地睡着，恐怕很难再被发掘出来。

尽管有种种瑕疵，但不可否认，三峡工程在工程规模、科学技术和综合利用效益等许多方面都处在世界级工程的前列。它不仅将为我国带来巨大的经济效益，还将为世界水利、水电技术和有关科技的发展作出有益的贡献。

六 | 水利工程

中国目前最大的水电站——葛洲坝水电站

我国在万里长江上建设的第一座大坝是葛洲坝水利枢纽工程。它位于宜昌市区西部的长江干流上，因为大坝横穿江心小岛葛洲而得名。虽然葛洲坝水电站没有三峡水利枢纽那么多的世界之最，但它却是我国水电建设史上的里程碑。

葛洲坝水利枢纽工程是我国自行研究、设计、建设而成的大型水电站，它北抵江北镇镜山，南接江南狮子包，全长 2595 米，雄伟高大，气势非凡。

1958 年 3 月，毛泽东主席乘坐东方红客轮视察长江三峡，听取了关于三峡工程的汇报，随后畅游长江，书写出"高峡出平湖"的壮丽诗篇。1970 年 12 月，毛泽东主席在国务院兴建葛洲坝工程的报告上批示："赞成兴建此坝。"很快，中共中央发出关于兴建葛洲坝工程的文件，自此拉开葛洲坝工程建设的序幕。

▲葛洲坝水利工程

12 月 30 日，西陵峡口一声炮响，来自全国的 5 万名水电精英开始了葛洲坝工程的建设。"葛洲坝"三个字对许多建设者来说，已不仅仅是一个水利工程，里面更熔铸了青春、汗水甚至生命。有的是青年时期背井离乡来修葛洲坝，一干 18 年，人生中最美好的时光都在这里度过；有的是一大家子全部在葛洲坝工作；有的父子两代人接力修葛洲坝这还不够，孙子又赶上修三峡大坝……横锁长江巨龙的葛洲坝水利枢纽工程改变了他们的生命轨迹，那里有他们埋藏在心底多年的或好或坏、或悲或喜的记忆。

完工的葛洲坝水立枢纽由一座 27 孔泄水闸、2 座电站、3 座船闸、2 座冲砂闸组成，它除了能够泄洪、防涝，还能利用长江水力进行发电。如果乘着万吨巨轮过葛洲坝,可以亲眼目睹人类的智慧是怎样巧妙地改造自然的。巨大的轮船可以通过大坝的水位调节在转眼之间上升几十米,那种感觉令人惊喜。

据有关专家介绍,在长江干流梯级开发规划中,葛洲坝工程是三峡工程的航运反调节梯级,修建三峡工程就必须修建葛洲坝工程。从航运方面考虑,三峡水电站在枯水期担负着电网调峰任务,发电与不发电都对下泄流量有影响,使得下游产生不稳定流,一天24小时内的水位变幅较大,对船舶航行和港口停泊不利。因此,必须用葛洲坝水库进行反调节。

葛洲坝工程不仅缓解了华中地区电力紧缺的局面,显著改善了三峡河段航道条件,还在科学技术方面取得了巨大成就,受到国内外广泛赞誉。

▲葛洲坝泄洪